Im Namen des Volkes

Bewölkt und nur mäßig warm

Gerichtliches

Werner Sack

Im Namen des Volkes

Bewölkt und nur mäßig warm

Rediroma-Verlag

Bibliografische Information der Deutschen Nationalbibliothek:
Die Deutsche Nationalbibliothek verzeichnet diese Publikation in der Deutschen Nationalbibliografie; detaillierte bibliografische Daten sind im Internet über http://dnb.ddb.de abrufbar.

ISBN 978-3-96103-701-8

www.rediroma-verlag.de
8,95 Euro (D)

Inhalt

Schreibtischtäter

Rainer war erst kürzlich Richter geworden, er war froh, einer großen Strafkammer des Landgerichts zugeteilt zu sein und nicht, wie er befürchtet hatte, einem Einzelrichterdezernat in Zivilsachen beim Amtsgericht. Diese Dezernate galten regelmäßig als überlastet oder „abgesoffen“. So konnte er sich langsam daran gewöhnen, das fortzusetzen, was er schon als katholischer Messdiener geübt hatte: Das Tragen von Amtstrachten und das würdige Schreiten – so zumindest hatte es ihm ein älterer Freund mit nicht zu überhörendem Sarkasmus geschildert. Rainer wurde aber sehr schnell und mit wenig Vorbereitung in ein fast peinliches Strafverfahren geschickt, wenn er auch nur Beisitzer war, die Hauptarbeit hatten der Vorsitzende und der Berichterstatter. Angeklagt war ein Rechtsanwalt, bezichtigt wurde er, seine noch recht junge Bürogehilfin vergewaltigt zu haben. Rainer hatte die Akten studiert und die einschlägigen Vorschriften noch einmal nachgelesen. Allein die Lektüre der Akten konfrontierte ihn mit brutaler Deutlichkeit, was Gegenstand der Verhandlung sein würde. Nach dem bisherigen Vortrag des Verteidigers stritt der Angeklagte die Tat ab, verweigerte aber jedwede weiteren Angaben. Die Geschädigte, sie war zur Tatzeit 19 Jahre alt, hatte sich aus Sicht der Anklagebehörde nach dem Tatgeschehen sehr vernünftig verhalten, denn sie hatte unverzüglich ihre Frauenärztin aufgesucht, sich untersuchen lassen und war von dieser an die Uniklinik überwiesen worden. Von dort lag ein umfangreiches Gutachten vor, angereichert mit einigen Fotografien, die den Unterleib der Geschädigten in kaum zu überbietender Deutlichkeit zeigten. So waren Druckstellen und Hautabschürfungen zu erkennen, die der Gutachter als eindeutige Folgen bzw. typische Begleiterscheinungen gewaltsam durchgeführten GV – so der Wortlaut des Gutachtens – bezeichnete. Von seinem Kollegen, dem Berichterstatter, den Rainer nach der Lektüre der Akten verwundert fragte, wurde er belehrt, eine solche ärztliche Stellungnahme lege dem Angeklagten nicht zwingend ein Geständnis nahe. Solche Spuren könnten auch entstehen, wenn die Beteiligten es beim GV - diese Abkürzung war auch bei ihm gebräuchlich – besonders eilig gehabt hätten, er würde sich nicht wundern, wenn sich der angeklagte Rechtsanwalt auf Freiwilligkeit der Geschädigten berufen würde. Wie sich später zeigte, sollte er mit der Vermutung Recht haben.

Als erstes lernte Rainer nun die Atmosphäre einer solchen Hauptverhandlung wahr zu nehmen. Ein großer Sitzungssaal mit Holztäfelung, in dem er zwar schon als Referendar einmal gewesen war, an den er aber keine Erinnerung hatte. Er sah nun eindeutig zugeordnete Sitzmöglichkeiten: Vorn, zwei Stufen erhöht, die Richterbank: Ein durchgehender, an der Vorderseite verschalter Tisch mit fünf Sesseln, die sich später als ziemlich durchgesessen erwiesen, der mittlere Sessel hatte eine etwas höhere Lehne als die anderen. An einem Ende, im rechten Winkel dazu, wenn auch eine Stufe niedriger, zwei Plätze mit Tisch für die Staatsanwaltschaft, gegenüber am andern Ende des Richtertisches – auf gleicher Höhe ein Platz für den Protokollführer. Im eigentlichen Saal, sozusagen in den Niederungen des Raumes, gab es auf einer Seite Plätze für Angeklagte und Verteidiger, mit einem durchgehenden, vorne offenen Tisch davor. Gegenüber eine ähnliche Sitzanordnung für eventuelle Nebenkläger und Sachverständige. Im hinteren Bereich mehrere Reihen mit Sitzplätzen für Zuschauer, abgegrenzt durch eine Barriere, vor der einige Plätze für Zeugen, Dolmetscher und Pressevertreter vorgesehen waren. Mitten im Saal ein einzelner kleiner Tisch mit einem Stuhl, der für die Vernehmung der Zeugen und Sachverständigen vorgesehen war. Selbstverständlich hatte der Saal mehrere Eingänge, so konnten sich die Richter und die beiden Schöffen im hinter dem Richtertisch liegenden Beratungszimmer versammeln und den Saal gemeinsam betreten. Rainer ließ das Arrangement auf sich wirken. Die Trennung vom „gemeinen Volk" war deutlich, der Würde des Gerichts wurde entsprochen.

Zusammen mit seinem Verteidiger erschien der Angeklagte. Gegen ihn war bereits Haftbefehl ergangen, er war aber gegen Auflagen vom weiteren Vollzug der Untersuchungshaft verschont worden und konnte daher aus freien Stücken zur Verhandlung kommen.

Das Verfahren wurde vom Vorsitzenden eröffnet und die Anwesenheit der Beteiligten festgestellt. Alles klang routiniert. Alle Namen standen bereits im Protokoll. Die Zeugen wurden hereingerufen und gemeinsam belehrt, dann durften sie den Saal wieder verlassen. Auch das Tatopfer, die als Nebenklägerin zugelassene junge Frau, verließ auf Anraten ihrer Vertreterin den Saal, bis der Angeklagte ausgesagt hätte. Rainer wusste, dass dies alles den Vorschriften der Strafprozessordnung entsprach, dennoch beeindruckte ihn die so geförderte Stimmung. Alle waren ernst, fast feierlich, nur der Angeklagte signalisierte, ihm sei das Ganze lästig, er warf verachtende Blicke zu der Nebenklägerin, seiner ehemaligen Angestellten.

Nun erhielt die Staatsanwaltschaft das Wort. Vertreten wurde sie durch eine relativ junge Staatsanwältin, die den Angeklagten kaum eines Blickes würdigte, tat sie es dennoch, geschah das mit unverkennbarer Verachtung. Außer der einen Schöffin, der Geschädigten und der Vertreterin der

Nebenklage war sie die einzige Frau im Saal, selbst das Protokoll führte ein Mann. Sie stand auf, ihre Stimme war laut und scharf ihr Ton, der Text der Anklage ließ nichts an Deutlichkeit zu wünschen übrig. Wenn man das gehört hatte, dann war der Angeklagte ein mieser, kleiner Gewalttäter, der sowohl seine körperliche Überlegenheit, als auch die Stellung der Geschädigten als seiner Angestellten in verachtenswürdiger Form ausgenutzt hatte, um sich sexuelle Befriedigung zu verschaffen. Die Tat sollte sich in seinem Arbeitszimmer abgespielt haben, wobei der Angeklagte sein Opfer mit Gewalt, trotz dessen heftiger Gegenwehr, auf seinen Schreibtisch gedrängt und dort festgehalten, ihm den Rock hochgeschoben und den Schlüpfer zerrissen habe. Dann sei er gewaltsam mit erigiertem Glied in ihre Scheide eingedrungen. Dort habe er den Geschlechtsverkehr bis zum Samenerguss ausgeführt. Anschließend sei das Opfer weinend davongelaufen. Als wenige Stunden später die Polizei erschien, um den Tatort in Augenschein zu nehmen, habe der Angeklagte nichts Eiligeres zu tun gehabt, als das Opfer, seine bisherige Angestellte, durch ein Kündigungsschreiben zu entlassen.

Die Zulassung der Anklage wurde festgestellt. Der Angeklagte äußerte sich selbst nicht, sondern ließ durch seinen Verteidiger erklären, der Verkehr werde nur insoweit in Abrede gestellt, als er nicht zur Vollendung gelangt sei, es sei nicht zu einem internen Samenerguss gekommen. Im Übrigen sei der Verkehr einvernehmlich erfolgt, im Gegenteil habe ihn die Zeugin geradezu verführt, z. B. indem sie einen extrem kurzen Rock getragen und sich eng an den vor dem Schreibtisch sitzenden Angeklagten geschmiegt habe. Schon früher habe sie ihm eindeutige Angebote gemacht. Die Anzeige sei reine Rache, weil der Angeklagte ihr schon mehrfach wegen mangelnder Leistung mit einer Beendigung des Arbeitsverhältnisses gedroht hätte.

Die Frage des Vorsitzenden, warum er denn den Verkehr auf dem Schreibtisch und nicht an einem bequemeren Ort vorgenommen habe, wollte der Angeklagte nicht beantworten, auch sein Verteidiger gab hierzu keine Erklärung ab. Auch die Fragen der übrigen Prozessbeteiligten blieben unbeantwortet. Der Verteidiger stellte lediglich klar, der freiwillige Verkehr sei nicht komplett vollzogen worden, ein Eindringen hätte nicht stattgefunden, sein Mandant habe außerhalb des Körpers der Nebenklägerin ejakuliert, dadurch seien die Spuren seines Sperma zu erklären, die nicht bestritten würden.

Rainer begriff, worauf die Verteidigung hinarbeitete: Es sei keine Vergewaltigung gewesen, der sexuelle Kontakt sei freiwillig erfolgt. Für den Fall, dass dem Opfer die Unfreiwilligkeit geglaubt würde, sei nur von Anfangshandlungen auszugehen, da ein Eindringen nicht erfolgt sei. Im Wesentlichen hatte Rainers Richterkollege bereits in der Vorberatung eine derartige Strategie vorhergesagt. Alle beweisbaren – nicht bestreitbaren – Tatsachen würden eingeräumt, aber als abgeschwächte Variationen präsentiert. Immer unter der Voraussetzung, dass nicht ohnehin von freiwilliger Zustimmung zum GV ausgegangen würde, hätte nur eine versuchte Vergewaltigung vorgelegen.

Nun wurde die Nebenklägerin hereingerufen und gebeten, auf dem Zeugenstuhl Platz zu nehmen. Die höchstens 162 cm große, zierliche Frau war mit einem dunkelblauen Hosenanzug bekleidet und trug eine weiße Bluse. Sie machte einen sachlichen, wenn auch äußerst angespannten Eindruck. Nach ihren Angaben zur Person und nochmaliger Belehrung über die strafrechtlichen Folgen falscher Aussagen, berichtete sie leise und anfangs etwas stockend von dem Ereignis. Sie ließ keinen Zweifel daran, dass der Verkehr für sie unfreiwillig war. Dabei wurde erkennbar, dass sie jede Erinnerung an den Vorgang mit Abwehr und Ekel erfüllte. Der Angeklagte habe an seinem Schreibtisch gesessen und sie aufgefordert näher zu kommen, weil er ihr in einem vor ihm liegenden Schriftstück etwas zeigen wolle. Dieser Aufforderung sei sie nur zögernd nachgekommen, da es aus ihrer Sicht keine Notwendigkeit gab, näher zu treten. Der Angeklagte hätte sie aber wiederholt dazu aufgefordert, da sie sonst den wahrzunehmenden Punkt nicht erkennen könne. Sie trat etwas näher, ohne jedoch den Angeklagten körperlich zu berühren. In diesem Moment habe er sie mit dem Arm dicht an sich gezogen, ihr unter den Rock gegriffen und augenblicklich den Schlüpfer zerrissen. Bereits dieser Vorgang sei sehr schmerzhaft gewesen. Auf die Frage des Vorsitzenden, wie das denn gelingen konnte, meinte sie sehr ruhig, sie habe nicht mehr Kleidung getragen. An diesen Tagen sei es sehr warm gewesen, es habe keinerlei Notwendigkeit bestanden Strümpfe oder gar Hosen anzuhaben. Wie immer bei solchem Wetter, sei sie relativ leicht bekleidet gewesen, wobei sie – wie bei ihr üblich – auch einen kurzen Rock getragen hätte. Schon beim Herangezogen werden habe sie das Vorhaben des Angeklagten befürchtet und versucht, sich zu lösen, was aber misslang, da er ein großer, gut trainierter Mann und sie eine relativ kleine, zierliche Frau sei. Mit einem einzigen Griff, dessen Ablauf sie sich bis heute nicht erklären könnte, hätte er sie auf seinen Schreibtisch gelegt, eher geworfen, wobei er gleichzeitig von seinem Stuhl aufgestanden sei. „Mit einer Hand drückte er mich fest auf die Schreibtischplatte und öffnete mit der anderen den Reißverschluss seiner Hose. Es ging alles blitzschnell, dennoch hat er nicht sofort sein Geschlechtsteil herausgeholt, sondern erst mit seiner linken Hand – mit der rechten drückte er mich noch immer auf den Schreibtisch – ein eingerahmtes Foto, das auf dem Schreibtisch stand, auf seine Vorderfront gelegt." Dieses Bild habe sie schon früher gesehen, es zeigte eine lächelnde Dame, vermutlich seine Ehefrau, denn die habe sie einmal persönlich gesehen und wieder erkannt, obwohl sie auf dem Foto sicher noch viel jünger gewesen sei. Die Zeugin unterbrach ihren Bericht, schaute auf den vor ihr stehenden Tisch und schluckte. Erst nach einiger Zeit, vermutlich Sekunden, die Rainer wie Minuten vorkamen sprach sie weiter, wobei der Vorsitzende sie bat, lauter zu sprechen. „Er hat dann wohl sein Glied aus der Hose geholt, aber das konnte ich nicht sehen, vielleicht wollte ich es auch nicht sehen. Es ging alles sehr schnell, er drängte sich zwischen meine Beine. Ich versuchte, sie zusammenzudrücken, aber er drängte weiter. Es tat weh. Ich spürte ihn schließlich bei mir da unten und dann ist es passiert. Es tat noch mehr weh. Ich glaube, ich habe laut geschrien und mich verzweifelt in seine Hand gekrallt, mit der er mich noch immer eisern festhielt. Es ging alles sehr schnell." Wieder unterbrach die Zeugin ihre Rede. Sie suchte in einer Jackentasche nach einem Taschentuch, um sich Tränen abzutupfen, die ihr über die Wangen liefen.

Da bat ihre Anwältin laut um eine Unterbrechung, um ihrer Mandantin Gelegenheit zu geben, sich zu sammeln. Die Pause wurde gewährt, die Zeugin ging aber nicht hinaus, sondern nur zu ihrem Sitzplatz, um aus ihrer Handtasche Papiertaschentücher zu holen. Die ganze Zeit war es sehr ruhig im Sitzungssaal gewesen, nur gelegentlich hatte sich der Angeklagte geräuschvoll bewegt. Jetzt fragte er seinen Verteidiger so laut, dass alle es hören mussten: „Muss ich mir dieses Geschwöge, diese Lügen anhören?" Der angesprochene Anwalt versuchte demonstrativ ihn zu beruhigen, die Zeugin fuhr aber nach oben, warf ihm einen unverhohlen hasserfüllten Blick zu und konnte nur mit Mühe von ihrer Anwältin daran gehindert werden, etwas zu erwidern.

Als sie sich wieder gesammelt hatte, ging sie erneut zum Zeugenstuhl und versuchte an das zuvor Gesagte anzuknüpfen. Es wurde deutlich, dass sie den eigentlichen Vorgang nicht beschreiben wollte. Vielmehr berichtete sie darüber, dass sie sich seinem Zugriff entwand, vom Schreibtisch herunterrutschte, wobei die Akte, die sie vorher betrachten sollte, herunterfiel, schnell aus dem Zimmer und kurz darauf aus dem Büro lief.

Sie wurde dann als erstes vom Vorsitzenden befragt, der sie ruhig und sachlich ansprach. Rainer, der selbst sehr beeindruckt war, achtete darauf, ob er in dessen Art, sie zu befragen, eine Tendenz feststellen konnte. Er gelangte aber zu keinem Ergebnis, die Befragung war neutral. Mit nichts, weder mit dem Sprechtempo, noch mit künstlichen Pausen oder gar missbilligendem Unterton gab der Fragende zu erkennen, was er von der bisherigen Darstellung hielt. „Sie haben den eigentlichen Vorgang nur sehr verkürzt geschildert. Für die Überzeugungsfindung des Gerichts ist es aber erforderlich, Einzelheiten des gesamten Ablaufs zu erfahren.“

Die Zeugin sah ihn Hilfe suchend, fast ratlos an. „Er hat mich vergewaltigt, wie soll ich das anders ausdrücken?“

„Sie verwenden einen Begriff, der eindeutig erscheint, aber einen sehr komplexen Vorgang beschreibt. Für uns hier ist es aber wichtig, den genauen Ablauf, Stück für Stück, kennen zu lernen, und das Wichtigste, wir müssen es von Ihnen hören.“

Die Zeugin lehnte sich resigniert zurück: „Ich habe das doch schon bei der Polizeibeamtin kleinlich geschildert, das muss doch in Ihrer Akte sein. Glauben Sie mir, es fällt mir schwer darüber zu sprechen, noch dazu vor all den Leuten hier. Es kotzt mich an. Glauben Sie mir, ich kann den Mann nicht sehen ohne dass mir übel wird."

„Ich glaube", und nun klang der Vorsitzende sanfter, „es gibt eine Reihe Leute hier im Saal, die Ihre Haltung verstehen, aber es geht um das Leben, die Freiheit eines anderen Menschen. Wir können nur aus dem, was der Gesetzgeber den ‚Inbegriff der Hauptverhandlung' nennt, heraus entscheiden. Es muss alles gesagt werden, Andeutungen, Umschreibungen oder gar Vermutungen reichen nicht aus."

„Dann fragen Sie mich halt nach Einzelheiten, die stehen alle im Protokoll der Polizei. Wenn ich geahnt hätte, was alles auf mich zukommt, hätte ich vielleicht gar nichts gesagt. Ich war schon früher mal bei einem Frauentraining, da wurde einem beigebracht, man müsse unbedingt gleich zum Arzt, so sehr man sich auch schäme. Diese Frauen haben mich auch jetzt wieder bestärkt. Was glauben Sie, wie sehr ich mich geschämt habe, wie mich das jetzt noch beschämt. Ich konnte nicht mehr mit meinem Freund schlafen, bis heute. Anfangs hatte ich Angst, er glaube mir nicht und würde mich verlassen." Erneut fing sie an zu weinen. Der Vorsitzende unterbrach daraufhin die Sitzung und bat, die Zeugin möge Bescheid geben, wenn sie wieder sprechen könnte.

Das Gericht ging gemeinsam in das Beratungszimmer. Als die Tür zu war, kam es zu einem kurzen Gespräch zwischen Rainer und dem Vorsitzenden. Rainer machte eine leichte Verneigung, um seinen Respekt auszudrücken. Er bewundere die Fähigkeit des Verhandlungsführers bei allen Fragen und Antworten der Beteiligten ruhig zu bleiben und keinerlei innere Erregung erkennen zu lassen, selbst wenn er nachfragen müsse, um eine möglichst hohe Klarheit zu erreichen. Der so Angesprochene sah vor sich:

„Meine Tochter ist fast genauso alt wie die Zeugin. Ich musste ernsthaft prüfen, ob ich nicht befangen bin.“

Rainer schwieg betroffen, da klopfte der Protokollführer an die Tür: „Wir können weiter machen.“

Die Zeugin war wieder gefestigt und sah die Richter mit offenem Gesicht an. „Was wir hier von ihnen konkret wissen müssen“, fuhr der Vorsitzenden nun fort, „ist der Angeklagte mit seinem Glied in Ihre Scheide eingedrungen?“ Die Zeugin nickte. „Sie müssen es schon sagen.“

„Ja, das ist er,“ kam es gepresst.

„Richtig eingedrungen, nicht nur berührt?“

Wieder nickte die Zeugin, riss dann aber den Kopf zurück und sagt laut und vernehmlich: „Er ist richtig tief eingedrungen, ich weiß, wie sich das anfühlt.“ Sie schwieg kurz und schrie fast: „Er ist in mir gekommen, ejakuliert heißt das, glaube ich. Genügt das jetzt?“

„Fast. Habe ich sie vorhin richtig verstanden, der Geschlechtsverkehr war nicht freiwillig?“

„Nein, ganz bestimmt nicht. Mit dem? Nie!“

Der Vorsitzende wandte sich nun zu dem Berichterstatter und übergab ihm wortlos das Fragerecht. Der hatte eine belegte Stimme und war zunächst kaum zu verstehen, er setzte daher nochmals an:

„Sind Sie unmittelbar nach dem Geschehen zum Arzt gegangen?“

„Nein, ich saß erst einige Minuten auf einer Treppenstufe und suchte nach einem Taschentuch, um mich ein wenig zu säubern.“

„Warum?“

Die Zeugin sah ihn fassungslos an: „Sein Saft lief mir am Bein runter, es war ekelhaft!“ Wieder war die Zeugin heftig geworden und ihre Anwältin signalisierte große Unruhe.

Der Richter fuhr unbeirrt fort: „Aber Sie sind nicht erst duschen gegangen?"

„Nein! Das habe ich im Frauenzentrum gelernt. Das sollte eine Frau auf keinen Fall tun, wenn sie ver..., wenn ihr so etwas passiert ist. Sonst würde ihr keiner glauben. Hier sitzen ja auch fast nur Männer." Die Staatsanwältin schüttelte demonstrativ mit dem Kopf, die Schöffin riss die Augen auf und der Verteidiger äußerte sich in abfälligem Ton:

„Da sieht man ja, dass die Zeugin unglaubwürdig ist, vermutlich mag sie keine Männer.

Die Vertreterin der Nebenklage sprang auf:

„Das ist zu viel, ich beantrage ein Ordnungsgeld."

Der Vorsitzende machte beruhigende Gesten mit den Händen: „Zur Zeit ist das Gericht noch mit Fragen dran, auch Sie kommen noch zu Wort, Herr Verteidiger. Ich weise Sie aber darauf hin, dass ich Ihnen das Recht der unmittelbaren Befragung entziehen kann, dann können Sie die Zeugin nur über mich befragen, also mäßigen Sie sich bitte."

Der Angeklagte fragte wieder laut, ob er sich diesen Quatsch immer noch anhören müsse, was der Vorsitzende – nunmehr in scharfem Ton – mit dem Hinweis quittierte, das Gericht könne den Angeklagten auch ausschließen. Der Angeklagte, selbst Rechtsanwalt, begriff den Hinweis sofort und signalisierte zukünftiges Wohlverhalten.

Nun konnte die Vernehmung weitergehen. Von den Richtern – auch von Rainer – gab es keine zusätzlichen Fragen, sodass die Vertreterin der Staatsanwaltschaft an der Reihe war. Im Gegensatz zu der bei der Anklageverlesung gebrauchten Sprache klang sie nun viel weicher. Sie sprach auch leiser ohne dadurch weniger verständlich zu sein.

„Frau X., ich werde Ihnen jetzt Fragen stellen, die in den Intimbereich gehören. Ihre Antworten können für die Entscheidung wichtig sein, sie müssen es nicht. Ich möchte aber verhindern, dass Ihnen derartige Fragen später von anderen gestellt werden, gerade weil ihre Beantwortung belastend sein kann. Der Herr Vorsitzende kann nachher jede Frage eines anderen zurückweisen, wenn Sie sie bereits beantwortet haben, besonders, wenn die Tonart, in der die Fragen dann gestellt werden, schärfer sind – männlicher klingen."

Rainer hätte dieser Frau, der Staatanwältin, nicht zugetraut, so unumwunden ihre Sympathie für die Zeugin zu zeigen. Er staunte innerlich. Sie glaubte ihr und sah es offenbar als ihre Aufgabe, sie zu schützen und zu stärken. Er spürte, wie die Zeugin lockerer wurde. Sie richtete ihren Blick direkt auf die Staatsanwältin und schien das Gericht auszublenden. Die fragte weiter: „Wenn ich Sie richtig verstanden habe, dann wissen Sie, was das ist: Geschlechtsverkehr." Die Zeugin nickte und keiner verlangte eine gesprochene Antwort.

„Sie haben das auch schon vorher erlebt, also Geschlechtsverkehr gehabt?"

Wieder nickte die Zeugin, wurde dann aber gebeten, sich deutlicher zu äußern:

„Es ist besser, wenn Sie eine vernehmliche Angabe machen, besonders bei meiner nächsten Frage. Wenn Sie Verkehr hatten, war das mit einem Mann?"

„Ja."

„Fand dabei auch die Vereinigung der Geschlechtsteile statt?"

Das nächste ‚Ja' war leiser und gepresst.

„Kennen Sie den Unterschied, ob ein Mann richtig in sie eindringt oder wenn es nur zu einer kurzen Berührung kommt und der Mann außerhalb ejakuliert?"

Die Zeugin konnte kaum an sich halten, ihr Gesichtsausdruck zeigte nackten Ekel. Sie war zunächst nicht in der Lage zu sprechen. Erst nachdem sie mehrfach geschluckt und Luft geholt hatte:

„Den Unterschied kenne ich erst seit der Befragung durch die Polizeibeamtin. Alles vorher war normal, ich kannte das nicht anders."

„Wenn Sie früher Verkehr hatten war dieser Verkehr von Ihrer Seite freiwillig?"

Die Zeugin nickte, antwortete aber auf den fragenden Blick mit einem deutlichen „Ja, nur".

„War das immer freiwillig?"

„Immer!"

„Mit wem auch immer?"

„Ich habe vorher nur mit meinem Freund geschlafen, er war der Erste und Einzige – bis dahin!" Das klang ziemlich heftig. Noch heftiger wurde ihre Antwort, als sie nach eventuellen Glücksgefühlen gefragt wurde.

„Ja, das war früher so. Bis zu diesem Tag."

„Sie haben häufiger oder nur einmal mit ihrem Freund geschlafen?"

Die Zeugin druckste und wandte sich zu ihrer Anwältin um:

„Muss ich dazu etwas sagen?" Als diese nickte, fuhr sie zögernd fort:

„Seit gut einem Jahr waren wir praktisch jedes Wochenende zusammen."

„Und wo war das?"

„Bei ihm zu Hause."

„Wussten seine Eltern das?"

„Nein, die waren immer auf ihrem Campingplatz im Odenwald, die haben dort einen Wohnwagen. Die wissen das bis heute nicht und sie dürfen es auch nicht wissen." Die Zeugin sah betreten zu Boden. „ Die sind ziemlich konservativ. Mein Freund bekommt große Probleme, wenn sie etwas erfahren."

Der Angeklagte zeigte ein hämisches Grinsen, das aber niemand beachtete.

Die Staatsanwältin fragte weiter: „Haben Sie etwas unternommen, damit Ihnen das Leben wieder gefallen kann?"

„Ich habe mit meinem Freund gesprochen, er glaubt mir."

„Haben Sie darüber hinaus etwas für sich getan?"

„Ich bin in psychotherapeutischer Behandlung."

„Wie sehen Sie die Aussichten?"

„Die Psychologin meint, vielleicht würde das nach dem Prozess besser."

„Sie müssen meine nächste Frage nicht beantworten, ich stelle sie dennoch, ehe es andere tun. Wie fühlen Sie sich jetzt?"

„Leer, schmutzig, wertlos", und nach einer Pause, „geschändet."

„Danke, ich habe keine Fragen mehr an die Zeugin."

Nun war der Verteidiger an der Reihe. Er stand auf, obwohl es überflüssig war, er hätte sitzen bleiben können. In feierlich, schwerem Ton hub er an:

„Frau X, wenn das wirklich unfreiwillig war", der Vorsitzende zog die Augenbrauen hoch, „warum haben Sie dem Angeklagten gegenüber Ihre Ablehnung nicht deutlicher zum Ausdruck gebracht?"

„Halt", unterbrach ihn der Vorsitzende, „die Frage ist suggestiv, Sie können nach Tatsachen fragen, nicht nach Gefühläußerungen und nach Tatsachen nur, soweit sie nicht bereits beantwortet sind."

Der Verteidiger verzog das Gesicht und der Angeklagte stand auf, als wolle er gehen.

„Herr A.“, fuhr ihn der Vorsitzende an, wir haben bisher als Haftgrund Fluchtgefahr verneint, weil wir davon ausgehen, dass Sie sich dem Verfahren stellen wollen. Wenn das bei Ihnen anders wird, können auch wir anders.“ Mit einer kurzen, eindeutigen Handbewegung in Richtung auf die Staatsanwältin machte er durch seine Haltung klar genug, dass diese einen Antrag auf Inkraftsetzung des Haftbefehls vorerst unterlassen könne. Rainer staunte über die wortlose Kommunikation, die gerade abgelaufen war. Ist das Routine, fragte er sich. Nein, war sein Ergebnis, das ist Können. Es wurde deutlich, wem hier geglaubt wurde – und auf das Glauben kam es an.

Der Verteidiger versuchte es nun erneut mit Fragen, wurde aber regelmäßig durch einen Einspruch des Vorsitzenden gestoppt:

„Die Frage hat die Zeugin bereits beantwortet.“ Besonders versuchte der Vertreter des Angeklagten mehr über das Ausmaß des Eindringens in die Scheide der Zeugin zu erfahren, wurde dann aber auf das medizinische Gutachten und die Anhörung des Gutachters verwiesen. Schließlich wandte er sich mit resignierendem Achselzucken zu dem Angeklagten, der mit wutverzerrtem Gesicht zum Gericht hinüberschaute, dann aber sehr schnell, fast übergangslos wieder ein unverbindliches Lächeln aufsetzte, das aber eher einer Grimasse glich. Erst jetzt war Rainer klar geworden, was die Frau Staatsanwältin mit ihrer sehr genauen Befragung geleistet hatte, der Vorsitzende hatte nun die Handhabe, praktisch jede Frage des Verteidigers zurückzuweisen. Es sei denn, der würde völlig neue Tatsachen erfragen, aber wirklich Neues fiel dem nicht ein, konnte ihm nicht einfallen. Die Vernehmung durch das Gericht und die Staatsanwaltschaft waren erschöpfend gewesen.

Das Fragerecht ging nun an die Vertreterin der Nebenklage, die sich zunächst bei ihrer Mandantin für die Fortsetzung der Befragung entschuldigte. Ihr ging es offenbar darum, die Folgen des Geschehens weiter zu vertiefen. So fragte sie nach dem weiteren Verlauf der Beziehung mit dem Freund der Geschädigten. Die machte einen eher resignierten Eindruck:

„Der ist jetzt beim Bund, wir sehen uns nur alle paar Wochen. Er glaubt mir, aber es läuft nichts. Ich kann einfach nicht."

Die Vernehmung war beendet, die Geschädigte wurde als Zeugin entlassen. Sichtlich erschöpft ging sie zu ihrem Platz neben ihrer Vertreterin.

Der medizinische Gutachter, der nun nach vorn gerufen wurde, legte dar, dass er bei der von ihm, nur wenige Stunden nach dem fraglichen Ereignis vorgenommenen Untersuchung der Scheide der Geschädigten, eindeutig erkennbar war, dass das Glied des Täters mindesten mehrere Zentimeter tief in den Körper der jungen Frau eingedrungen war. In allen Bereichen des Vaginalschlauches befanden sich Spermaspuren, bis hinauf zum Gebärmutterhals. Das Ejakulat hätte alles vom gleichen Verursacher gestammt und als dieser sei der Angeklagte durch Laboruntersuchungen eindeutig festgestellt worden. Ein lediglich Berühren des Scheideneingangs mit der Penisspitze und eine Ejakulation nur außerhalb des Körpers könne ausgeschlossen werden. Auf Nachfragen des Vorsitzenden bezog sich der Sachverständige ausdrücklich auf seine medizinische Sachkunde und schloss erneut aus, dass es sich lediglich um einen Versuch des Eindringens gehandelt haben könnte. Auch Nachfragen des Verteidigers führte zu keinem anderen Ergebnis. Die noch am Tattag angefertigten Fotos von den Beinen und dem Schambereich des Opfers zeigten typische Hinweise auf gewaltsame Durchsetzung des Vorhabens und seien ohne heftige Gegenwehr des Opfers nicht erklärbar. Am Ende lobte er die behandelnde Ärztin für die sofortige Zuführung des Opfers, nur dadurch seien außergewöhnlich genaue Feststellungen möglich gewesen. Leider, so schloss er, würden die Täter oft von der Scham ihrer Opfer profitieren. Rainer wurde erst in diesem Moment deutlich, wie sehr durch die fachärztliche Begutachtung in das Leben, das Erleben der Geschädigten eingegriffen worden war, nicht zuletzt, weil mehrere Fotos ihres Intimbereichs vorgelegen hatten und von allen Prozessbeteiligten eingesehen werden konnten.

Nun wurden noch die Bürovorsteherin und die Ehefrau des Angeklagten als Zeugen vernommen. Letztere verweigerte im Hinblick auf ihre Verwandtschaft zum Angeklagten die Aussage, obwohl besonders die Vertreterin der Staatsanwaltschaft gerne mehr über den Umgang des Angeklagten mit anderen Frauen erfahren hätte. Diesbezüglich erwies sich die Bürovorsteherin als weit auskunftsfreudiger. Sie selbst sei ja viel zu alt für diesen Herrn, wie sie ihn nannte. Jüngeren Frauen hätte er ständig nachgestellt. Sie hätte schon längst den Eindruck gehabt, er hätte die Geschädigte nur eingestellt, um mit ihr anzubändeln, wenn nicht mehr. Mittlerweile sei sie nicht mehr bei ihm tätig, sie habe sofort fristlos gekündigt.

„Stellen sie sich vor, am Tag nach der Tat war ich wieder im Büro. Ich wusste noch gar nichts, da kam er mit einem Schriftsatz von uns, den ich getippt hatte, der war voller Flecken. Ich sollte ihn noch mal schreiben. Er hat mir dann grinsend erklärt, die Flecken seien von ihm ‚da unten' und von Frau X, ebenfalls von ‚da unten', er hat sich drastischer ausgedrückt. Mich hatte das angewidert und ich hatte keine

Lust, das Papier überhaupt anzufassen. Kurz darauf läuteten ein Staatsanwalt und zwei Polizisten. Sie hatten einen Durchsuchungsbeschluss und wollten genau den mir vorgelegten Wisch. Mein Chef lachte nur hämisch und erklärte den Polizeibeamten die Herkunft der Flecken. Was meinen Sie, wie mir wurde, als ich von den Polizeibeamten erfuhr, was er gemacht haben sollte. Mir hat es gereicht. Ich habe ihm meine Kündigung hingeknallt und bin gegangen."

Die Zeugin wurde unvereidigt entlassen. Der Strafregisterauszug bezüglich des Angeklagten wurde verlesen, er wies keine Voreintragungen auf, die Beweisaufnahme wurde geschlossen. Der Vorsitzende bat um die Plädoyes.

Die Vertreterin der Staatsanwaltschaft sah den Anklagevorwurf in allen Punkten erwiesen. Irgendwelche Gründe, die den Angeklagten hätten entlasten können, fand sie nicht. Die Möglichkeit eines Geständnisses hätte der Angeklagte offenbar nicht in Betracht gezogen, ein solches hätte insbesondere der Geschädigten eine zusätzliche Belastung durch die Vernehmung erspart. Auch davon hatte er keinen Gebrauch gemacht. Sie subsumierte eindeutig und beantragte die Verhängung einer Freiheitsstrafe von vier Jahren und Verurteilung zu den Kosten des Verfahrens.

Der Verteidiger beantragte Freispruch, Sein Mandant sei von der Zeugin regelrecht verführt worden, auf jeden Fall sei der Geschlechtsverkehr einvernehmlich und freiwillig erfolgt. Die Zeugin hätte es so eilig gehabt, dass sie auf einem unverzüglichen Vollzug auf dem Schreibtisch bestanden hätte. Den Schlüpfer habe sie sich selbst zerrissen, weil sie ihn nicht schnell genug herunterbekommen habe. Dieses Kleidungsstück sei ein Beweismittel, dessen Wirkung noch nicht ausreichend gewürdigt worden sei. Erst später habe sie ihre Absichten geändert und Anzeige erstattet, vermutlich aus Angst vor ihrem Freund. Höchst hilfsweise befasse er sich mit einer Entscheidung zu Lasten seines Mandanten: Sollte das Gericht bezüglich der Freiwilligkeit zu einem andern Ergebnis kommen, könne nur von einem Versuch ausgegangen werden, der mit weit weniger Strafe bedroht sei. Der Angeklagte habe gemäß seiner unwiderlegbaren Angabe außerhalb des Körpers der Zeugin ejakuliert. Wenn dann einige Tropfen auf die Schamlippen der Zeugin gelangt seien, sei das nicht straferhöhend. Selbst Einzelsamen, die der Sachverständige gefunden haben wolle, hätten nicht diese Wirkung. Das Vordringen dieser Flüssigkeit sei normal, männlicher Samen suche sich nun mal seinen Weg.

Die Vertreterin der Nebenklage schloss sich dem Plädoyes der Staatsanwältin an und hieß deren Strafantrag nachvollziehbar.

Der Angeklagte beteuerte in seinem letzten Wort seine Unschuld. Er sei heftig in die Zeugin verliebt gewesen, sodass er sich unverzüglich ihren Wünschen hingegeben habe. Er hätte sogar erwogen, sich aus seiner Ehe zu lösen, um mit dieser jungen Frau zusammenleben zu können. Ihre Anzeige sei wohl die Rache dafür, dass er das dann doch nicht tat. Schon jetzt kündigte er an, etwas anderes als einen Freispruch nicht zu akzeptieren, deshalb sei es auch nicht nötig, ihn vor einer Entscheidung des Bundesgerichtshofs die bestehende Haftverschonung aufzuheben und ihn zu inhaftieren.

Das Gericht beriet relativ kurz. Rainer wusste, dass die Beratung geheim war, konnte aber den Ausdruck seiner Genugtuung bei der Urteilsverkündung kaum unterdrücken. Der Angeklagte wurde zu einer Freiheitsstrafe von drei Jahren und acht Monaten verurteilt. Rechtsmittelverzicht wurde nicht erklärt.

Die Zeugin, das Opfer, schien erleichtert zu sein, ihre Anwältin bedankte sich höflich.

Einige Wochen später suchte Rainer nach Möbeln, u.a. einem Schreibtisch und einem Bücherregal. Er hatte wenige Tage zuvor mit seiner Freundin eine größere gemeinsame Wohnung bezogen und suchte nun nach passendem Mobiliar. Unter den Verkaufsanzeigen der größten Lokalzeitung fand er ein Angebot, das ihm geeignet erschien. „Büroauflösung" stand da. Schreibtische, Stühle und Aktenschränke wurden angeboten. Er rief an und erfragte einen Besichtigungstermin. Als er in der Erdgeschosswohnung eines Altbaus im Frankfurter Nordend eintraf, brauchte er nicht zu läuten, alle Türen standen offen, zwei Leute kamen gerade mit einem Bürostuhl heraus. Rainer beschleunigte seinen Schritt und sah sofort, dass ein Schreibtisch, wie er ihn suchte, noch da war, ebenso ein dazu passender Aktenschrank. Beide Möbel waren aus dunklem Naturholz und blankem Metall. Das äußere Erscheinungsbild sagte R. zu. Mit einer Frau, die wohl für den Verkauf zuständig war, verhandelte er über den Preis. Dabei unterbot er offenkundig deren Mindestvorstellungen, sodass sie noch einmal zurückfragen wollte. Sie ging ins Nebenzimmer und sprach dort mit einem Herrn, der schließlich aufstand und herüberkam. Als R. ihn sah, erschrak er. Das war der seinerzeit verurteilte Vergewaltiger, der mittlerweile seine Ladung zum Strafantritt erhalten hatte, denn wenige Tage vorher hatte der Bundesgerichtshof die Entscheidung der Strafkammer bestätigt, aber das erfuhr Rainer erst nach seiner Suche. Schnell wandte er sich ab, murmelte, das Möbelstück sei wohl doch nicht das Richtige für ihn und ging eilig davon.

Rainer war erschrocken, irritiert. Es war ihm peinlich. Fast hätte er ausgerechnet den Schreibtisch gekauft, der ein „Tatort“ war.

Einige Monate lang benutzte er seinen alten Schreibtisch weiter, der ihm seit Studienzeiten gedient hatte. Der bestand aus einem ungefalzten Türblatt und Orangenkisten, er tat ihm weiter gute Dienste. Es dauerte fast ein halbes Jahr, bis er sich einen neuen Schreibtisch kaufte. Er ging dazu in ein Möbelhaus auf der grünen Wiese, bei dem man laut Werbung einen Elch treffen könne. Das Möbelstück musste er erst zusammenbauen, aber dann war er zufrieden mit seinem Kauf.

Reingelegt

Rainer war mittlerweile am Amtsgericht mit Strafsachen befasst, an sich eine einfache Sache. Angeklagt war eine erhebliche Sachbeschädigung. Es gab nur einen einzigen Zeugen, von dessen Aussage hing alles ab, er sollte das vom Angeklagten behauptete Alibi bekunden. Würden seine Ausführungen glaubwürdig sein?

Bei Aufruf erschienen der Angeklagte und der Zeuge. Letzterer wurde belehrt und wieder hinausgebeten. Dann wurde die Anklage verlesen und dem Angeklagten Gelegenheit zur Stellungnahme gegeben, der legte breit ausholend dar, er sei das nicht gewesen, er könne es gar nicht gewesen sein, er sei zur Zeit des Ereignisses gar nicht dort gewesen, das könne der Zeuge bestätigen, denn mit dem sei er in der angeblichen Tatzeit zusammen gewesen. Auch auf Rückfragen blieb er bei seiner Darstellung.

Der Zeuge wurde nun hereingerufen und nahm auf dem für ihn vorgesehenen Stuhl Platz. Er machte einen unsicheren Eindruck und, was besonders auffiel, er schaute immer wieder, fast nach jedem Satz, zu dem Angeklagten, der mit ihm etwa auf gleicher Höhe saß. Noch dazu wirkte die Aussage des Zeugen vorbereitet, fast vorformuliert oder auswendig gelernt, denn als er gebeten wurde, sie zu wiederholen, kam exakt der nahezu gleiche Wortlaut. Der Amtsanwalt bat nun darum, den Zeugen noch einmal hinaus zu bitten, er wolle den Angeklagten erst noch mal befragen. Der Zeuge verließ den Saal, nicht ohne den Angeklagten fragend anzuschauen. Der aber schaute nur gelangweilt vor sich. Er wurde nun eingehend nach allem Möglichen befragt, insbesondere ob er mit dem Zeugen vor der Verhandlung gesprochen habe.

„Ja“, meinte er, „aber bereits vor längerer Zeit. Kurz nachdem ich die Anklage erhalten hatte und seitdem nicht mehr und schon gar nicht über den Tatvorwurf.“

Auf Nachfragen hin: „Ich kenne ihn nur flüchtig, er war früher ein Arbeitskollege gewesen. Jetzt, kurz vor der Hauptverhandlung, habe ich nicht mit ihm gesprochen. Wir sind auch getrennt hierher gekommen.“

Der Angeklagte wurde nun auch auf Wunsch des Amtsanwalts hin gebeten, seinen Platz auf der Anklagebank nach hinten zu verlegen, also nicht mehr direkt vor dem Richtertisch auf gleicher Höhe wie der Zeuge zu sitzen. Der schaute etwas verständnislos, setzte sich aber drei Plätze weiter weg. Fragen nach dem Wetter zur Tatzeit beantworte er mit mangelnder Erinnerung. Weitere Fragen gab es nicht. Der Zeuge wurde wieder hereingerufen und war sichtlich über die Veränderung der Sitzordnung erstaunt. Dabei sah er wiederum den Angeklagten an, diesmal offenkundig fragend. Dieser blickte ungerührt vor sich auf den Tisch. Der Zeuge setzte sich nun erneut auf den Zeugenstuhl, wurde nochmals belehrt, zur Wahrheit ermahnt und ausdrücklich auf die Möglichkeit seiner Vereidigung hingewiesen. Dann wurde er erneut um eine Aussage gebeten.

Er schwieg zunächst, dann aber waren seine Angaben völlig anders:

„Also, ich gebe zu, wir haben das abgesprochen. Der Angeklagte hat das so gewollt. Was ich vorhin gesagt habe, stimmt nicht, ich war zu der bewussten Zeit nicht bei ihm. Er war das, er hat den Unfall verursacht, das hat er mir gegenüber zugegeben. Mehr kann ich dazu nicht sagen.“

Keiner hatte mehr Fragen an den Zeugen. Der wurde entlassen, sah den Angeklagten achselzuckend an und ging hinaus.

Der Angeklagte gestand nun mit kaum verhohlenem Ärger die angeklagte Tat. Der Amtsanwalt plädierte, der Angeklagte bat noch, ihm den Versuch der Täuschung nicht übel zu nehmen, das sei ja wohl sein gutes Recht. Er wurde antragsgemäß verurteilt. Wütend stampfte er aus dem Saal.

Rainer und der Amtsanwalt konnten ein leichtes Grinsen nicht unterdrücken, Letzterer forderte den Richter auf, mit zum Fenster zu kommen. Von dort könnten sie von oben auf den Ausgang des Gebäudes schauen. Es kam, wie erwartet: Der Angeklagte und der Zeuge verließen gemeinsam das Haus, wobei der Angeklagte laut und heftig auf den Zeugen einsprach: „Nein, die haben nichts Besonderes mit mir zu reden gehabt. Die haben Dich reingelegt. Die haben nur geblufft. Du bist einfach darauf reingefallen." Die beiden standen noch eine Weile zusammen und stritten, dann gingen sie in unterschiedlichen Richtungen davon.

„Kompliment", meinte Rainer, " Ihre Ahnung war richtig."

„Berufserfahrung", entgegnete der Amtsanwalt.

„Vielleicht können wir uns noch mal darüber unterhalten. Ich würde gern von Ihrer Erfahrung profitieren."

„Gern, im konkreten Fall ist der Zeuge meiner Ahnung zuvorgekommen, indem er sofort eingestand, ursprünglich falsch ausgesagt zu haben. Ich hätte sonst versucht ihn zu einer Wiederholung seiner ersten Auskunft zu bewegen. Ich habe geradezu darauf gelauert, er werde ziemlich wortgleich reden und so bei mir den Eindruck erwecken, seine Aussage sei gut vorbereitet, wenn nicht auswendig gelernt – halt abgesprochen und, wie wir gesehen haben, halt falsch. Man trifft leider oft auf solche gekauften oder sonst wie erfundenen Zeugenaussagen. Gerade als Amtsanwalt begegnet man sehr oft derartigen Konstellationen. Leider hat jemand wie ich auch eher den richtigen Riecher als Ihre Richterkollegen. Aus meiner Sicht liegt es meist an der insoweit mangelnden Ausbildung. Ich habe mich z.B. ursprünglich um eine Laufbahn als Rechtpfleger bemüht und bin schließlich Amtsanwalt geworden. Damit wurde ich Vertreter der Anklagebehörde in zahlreichen – wenn auch einfachen – Strafverfahren. Ich habe dabei sehr viel über die Menschen vor Gericht gelernt. Der ständige Umgang mit strafbaren Handlungen, ihren Tätern und ihren Zeugen fördert die erforderliche Menschenkenntnis ungemein. Hier muss ich mal ein wenig Kritik an Ihren Kollegen loslassen. Die sind m.E. von einer manchmal atemberaubenden Naivität. Das mag sich einfach mit der mangelnden Erfahrung begründen lassen und viel Gelegenheit zum Sammeln von Erfahrung hat man in der typische Juristenausbildung ja offenbar nicht. Es kann passieren, dass jemand zum ‚Richter auf Widerruf' ernannt wird, ein Einzelrichterdezernat zugewiesen bekommt und am nächsten Tag Strafsachen entscheiden muss. Gut, er hat zwei Jahre Referendariat in den unterschiedlichsten Stationen hinter sich, muss aber von einem Tag auf den anderen die Rolle eines Strafrichters übernehmen. Da erscheint mir das Verfahren, wie es in Österreich angewandt wird, besser geeignet. Dort wird jemand zunächst für zwei Jahre ‚Richterassistent'. D.h., er wird einem bereits fest ernannten, praktizierenden Richter zugeordnet, hat mit diesem alle Fälle zu bearbeiten aber nicht selbständig zu entscheiden. Er lernt so viel mehr über sich selbst und über die ihm sich auftuenden Verfahren und er wird auch eher Menschenkenntnis erwerben, was besonders für den Umgang mit Zeugenaussagen ungemein wichtig ist."

„Ja, ob man einem Angeklagten oder Zeugen glauben kann, ist am Ende eine Frage der Berufserfahrung. In keinem mir bekannten Studium lernt man das, vielleicht als Psychologe."

„Na ja, Sie können zur Not einen Sachverständigen bemühen.“

„Das müsste ich dann zu fast jeder Hauptverhandlung tun. Man würde wohl, bei den zuständigen Gremien meine Eignung zum Richterberuf in Frage stellen.“

Aussage gegen Aussage

Es war ein ziemlich einfacher Fall, den Rainer an diesem Tag als dritten zu entscheiden hatte. Dem Angeklagten wurde ein Fall des einfachen Ladendiebstahls vorgeworfen. Gegen ihn war ursprünglich ein Strafbefehl ergangen, gegen den er Einspruch eingelegt hatte. Nun lag eine Anklage gegen ihn vor, die sich auf die Aussagen einer Verkäuferin stützte. Die hatte beobachtet, wie der Angeklagte eine kleine Schachtel aus dem Regal nahm und sie in seine Manteltasche steckte, statt sie zu den anderen Sachen in seinem Warenkorb zu legen. Sie beobachtete ihn weiter, wie er zur Kasse ging, dort den Inhalt des Warenkorbs auf das Kassenband legte, aber nicht die Packung aus seiner Manteltasche hinzufügte. Hinter der Kasse habe sie ihn auf den Tascheninhalt angesprochen, was aber nur zu einem heftigen Leugnen führte. Erst, als ihm angedroht wurde, die Polizei herbeizurufen, griff er in die Manteltasche, zog die Packung hervor, berief sich auf Irrtum und versuchte, sein Verhalten zu entschuldigen. Die entwendete Ware wurde ihm abgenommen, auf erneute Drohung, die Polizei einzuschalten, teilte er seine Personalien mit und zeigte seinen Ausweis vor. Er erhielt Hausverbot und ging.

Nach Aufruf der Sache stellte Rainer die Anwesenheit des Angeklagten und der ebenfalls geladenen Zeugin fest und bat diese zunächst hinaus. Die Anklage wurde verlesen, dem Angeklagten Gelegenheit zur Stellungname gegeben. Der reagierte recht ruhig, er könne das nicht gewesen sein, er habe den Laden zwar gelegentlich besucht, daher kenne er auch die Zeugin, er sei aber an diesem Tag ganz sicher nicht dort gewesen. Er habe sich krank gefühlt und sei überhaupt nicht aus dem Haus gegangen. Dass sein Ausweis gesehen wurde sei, möglicherweise darauf zurückzuführen, dass ein Finder ihn missbraucht habe. Er habe den Ausweis nämlich gut zwei Wochen vorher verloren, den Verlust aber leider nicht gemeldet, da er ja noch seinen Pass hätte.

Richter und Amtsanwalt sahen sich kurz an. Keiner hatte Veranlassung zu Fragen. Rainer kam die Einlassung sehr bekannt vor, sie erinnerte ihn an ein früheres Verfahren mit einer recht ähnlichen Aussage.

Die Zeugin wurde hereingerufen und wiederholte ihr Angaben, wie sie bereits aus den Akten ersichtlich waren und die sich mit ihrer Schilderung deckten, wie sie sie bei der Anzeigeerstattung zu Protokoll gegeben hatte. Auf entsprechendes Befragen hin, sah sie den Angeklagten noch einmal an und erklärte:

„Ja, das ist er!“

Und auf Nachfragen des Amtsanwalts:

„Kein Zweifel möglich. Ich habe ihn schon draußen vor dem Sitzungssaal wiedererkannt. Ich habe seinerzeit auch seinen Personalausweis gesehen. Wir haben seinen Namen notiert, wegen des Hausverbots.“

Die Zeugin wurde entlassen. Rainer fragte den Angeklagten, ob er zu der Zeugenaussage etwas äußern wolle, was der nur mit Kopfschütteln beantwortete.

Der Amtsanwalt stellte nun den Strafantrag, der Angeklagte erhielt das letzte Wort. Er bestritt die Tat erneut. Er wurde antragsgemäß verurteilt und über Rechtsmittel belehrt. Er platzte jedoch wütend heraus:

„Das geht doch alles gar nicht, ich kann doch so nicht verurteilt werden, es steht doch Aussage gegen Aussage.“

Rainer war etwas verblüfft und meinte zu dem Angeklagten: „Wir sind hier in unserem Rechtsystem, hier kommt es hauptsächlich darauf an, wem man glaubt, wem man glauben kann. Sie sollten vielleicht nicht so oft amerikanische Gerichtsfilme anschauen.“

Der Angeklagte legte kein Rechtsmittel ein, das Urteil wurde rechtskräftig.

Deal

Rainer war mittlerweile Jugendrichter geworden und damit auch Vorsitzender eines Jugendschöffengerichts. Ein solches war nicht nur für die eventuelle Strafbarkeit von Angeklagten zuständig, die ihre Taten vor ihrem 21. Geburtstag begangen haben sollten, sondern auch in Fällen, in denen auch erwachsenen Angeklagten sexueller Missbrauch vorgeworfen wurde, wenn die benannten, betroffenen Zeuginnen oder Zeugen unter 21 Jahren alt waren. Ein erfahrener Kollege hatte ihm berichtet, er würde oft in solchen Fällen einen sogenannten ‚Deal' anstreben, insbesondere, wenn der Angeklagte bislang kein vollständiges Geständnis abgelegt hatte. Dazu würde er nach Aufruf der Sache mit dem jeweiligen Verteidiger und dem Sitzungsvertreter der Staatsanwaltschaft ein Gespräch außerhalb des Gerichtssaals suchen. Ziel sei es, informell abzuklären, ob der Angeklagte bei Zusage einer begrenzten Strafe voll geständig wäre, denn so könne den noch meist jungen Zeuginnen und Zeugen eine gerichtliche Vernehmung erspart werden. Rainer wusste, dass derartige Absprachen von den meisten Richtern aus grundsätzlichen Erwägungen abgelehnt wurden, hatte aber gerade von Jugendrichtern auch positive Stellungnahmen gehört. Ferner erinnerte er sich lebhaft an das Erlebnis der jungen Zeugin aus einem der ersten Missbrauchsprozesse der Jugendstrafkammer, an dem er als beisitzender Richter beteiligt war. Die junge Frau war das Opfer des Angeklagten gewesen und hatte offenkundig unter der Notwendigkeit der Zeugenaussage sehr gelitten. Er führte daher als Vorsitzender des Jugendschöffengerichts vor der Sitzung erst ein Gespräch mit den jeweiligen Schöffen und suchte mit deren Plazet dann eine Unterredung mit den Prozessteilnehmern. In etlichen Verfahren funktionierte das auch. Rainer war besonders froh, dass es meist zur Verhängung einer Bewährungsstrafe kam, bei der er Auflagen erlassen konnte, die eher die Hoffnung auf Besserung des Verurteilten eröffneten, als dies bei einem bloßen Aufenthalt im Strafvollzug zu erwarten bzw. zu befürchten war.

Eines Tages saß Rainer in seinem Dienstzimmer und bearbeitete Akten, als plötzlich seine Zimmertür heftig aufgestoßen wurde und eine sehr junge Frau ohne Anklopfen hereinstürmte. Sie war erkennbar wütend und schrie Rainer an:

„Sie haben mir die einmalige Gelegenheit genommen, diesem Schwein endlich mal die Meinung zu sagen. Da hätte er mir zuhören müssen, er hätte nicht einfach weggehen oder mir das Wort abschneiden können."

Rainer war erschrocken und hatte zunächst den Wunsch, diese ungebetene Besucherin sofort wieder hinaus zu komplimentieren, war dann aber von ihrem temperamentvollen Auftritt so beeindruckt, dass er sie nach ihrem Namen und dem genaueren Grund ihres Erscheinens fragte. Es stellte sich nun heraus, sie war wenige Wochen zuvor in einem Missbrauchsfall als Zeugin geladen gewesen, auf ihre Vernehmung war wegen des zuvor abgesprochenen Deals von allen maßgeblichen Beteiligten verzichtet worden. Das Urteil entsprach der vorher getroffenen Absprache und wurde rechtskräftig. Der Verurteilte hatte den Anklagevorwurf in vollem Umfang zugegeben. Demnach hatte das Gericht die Zeugin – die mittlerweile sechzehnjährige Stieftochter des Angeklagten ungehört entlassen. Der hatte sie mehr als drei Jahre lang gezwungen sich körperlich, auch an intimen Stellen anfassen zu lassen und ihn gleichzeitig manuell zu befriedigen.

Die verhinderte Zeugin schilderte nun Rainer, was sie dem Angeklagten alles hätte sagen wollen, das waren teilweise nur üble Beschimpfungen. Rainer versuchte, ihr deutlich zu machen, dass eine Zeugenvernehmung nur der Unterrichtung des Gerichts in der Hauptverhandlung diene und nicht dazu vorgesehen sei, dem Angeklagten ‚die Meinung sagen zu können'. Die Betreffende wäre wahrscheinlich sehr bald von ihm als Vorsitzendem Richter auf die gewünschte Funktion ihrer Zeugenaussage hingewiesen worden. Auch eine Beschimpfung des Angeklagten hätte er sicher nicht zugelassen. Ihr erträumtes Tun wäre unangebracht gewesen und so vermutlich verhindert worden, mindestens in der von ihr beabsichtigten Weise, hätte es nicht stattfinden können. Die Entpflichtung der Zeugen gehe auf das Geständnis des Angeklagten und die dazu getroffene Absprache, den Deal, zurück.

Die junge Frau war mittlerweile etwas ruhiger geworden, schließlich fragte sie Rainer, ob er denn wisse, was ihr geschehen sei. R. verwies auf seine Aktenkenntnis und ihre dort dokumentierte Strafanzeige sowie ihre Aussagen bei der weiblichen Kriminalpolizei.

„Ja, aber die haben längst nicht alles aufgeschrieben, was ich gesagt habe. Für die war wichtig, dass es nie zum GV gekommen ist. Was daran lag, dass meine Mutter zwar Bescheid wusste, aber meinem Stiefvater - offenbar wirksam - den GV mit mir untersagt hatte, sonst hätte er mich wahrscheinlich auch dazu gebracht. Die Polizeibeamten haben auch das von mir gehört, aber nicht notiert. Nur, als ich ihnen erzählte: Ich musste ihm nahezu täglich ‚einen runterholen' während er mich an der Brust und zwischen den Beinen anfasste, wurde das aufgenommen. Aber die Drohung meines Stiefvaters, wenn ich nicht mitmachen würde, könnte er meine Mutter dazu bekommen, mich von der Schule zu nehmen, hat sie nicht weiter interessiert. Dies wäre schrecklich für mich gewesen. Ich will Ärztin werden, dazu müsste ich ein gutes Abitur machen. Ich musste deshalb unbedingt weiter auf das Gymnasium gehen, auch wenn noch keiner aus meiner Familie vor mir dort war – höchstens als Putzfrau oder Anstreicher!

Man hat mich auch gleich nach meiner Anzeige aus der Familie herausgenommen, ich lebe seitdem in einer Pflegefamilie und werde demnächst in eine betreute Wohngemeinschaft mit Gleichaltrigen kommen. Meiner Mutter soll das Erziehungsrecht entzogen werden. Mein Stiefvater hat da ohnehin nichts zu sagen".

Rainer war beeindruckt, so hatte er noch nie Einzelheiten von so einem Fall erfahren. Es war auch so manches, von dem sie jetzt berichtet hatte, nicht aus den Akten ersichtlich gewesen. Die Begehungsweise durch den Angeklagten war ihm bekannt, auch die prinzipielle Informiertheit seiner Ehefrau, nichts aber von Drohungen gegenüber seinem Opfer bezüglich dessen schulischer Entwicklungsaussichten. In zukünftigen Verfahren würde er versuchen schon bei der Vorbereitung genauere Informationen über das Erleben der Opfer zu erhalten und dies bei den Verhandlungen über einen Deal zur Sprache zu bringen – oder ganz auf diese Möglichkeit der Verfahrenserledigung zu verzichten.

Doch kein Tier

Es war Anklage beim Jugendrichter, Einzelrichter, erhoben. Angeklagt waren zwei junge Damen. Weibliche Personen waren dort seltener auf der Anklagebank als die jungen Herren der Schöpfung, aber bei dem nun zu verhandelnden Tatvorwurf waren sie aber durchaus öfter da, es ging um Ladendiebstahl. Wenn es nicht ausgesprochene Beschaffungskriminalität für illegalen Drogenerwerb war – da ging es meist um Schnaps zum Weiterverkauf - dann waren es Textilien und die waren dann für die Diebinnen höchst persönlich gedacht. Die beiden nun erschienenen Sechzehnjährigen fielen ein wenig aus der Reihe, denn im Gegensatz zu der überwiegenden Zahl ihrer „Kolleginnen" gehörten sie nicht zu Familien aus den unteren Schichten der Gesellschaft, ihre Eltern gingen ausgesprochen bürgerlichen Berufen nach. Bei der einen waren beide Eltern Lehrer an einem Gymnasium, die andere war die Tochter einer Universitätsprofessorin. Beide waren also Kinder mit vergleichbarem bürgerlichem Hintergrund und solche wurden nur selten angeklagt. Wenn sie schon mal als Abweichende auffielen, dann sorgten bereits die Elternhäuser oder von denen bemühte Rechtsanwälte für eine frühe Klärung der Verfahren, meist endete so etwas mit Einstellung gegen Geldauflage und eindringlichen Ermahnungen. Wenn nun, wie hier, zwei erstaunlich gut gekleidete Schülerinnen Platz nahmen, musste schon einiges vorher passiert sein. In der Tat waren sie nicht zum ersten Mal erwischt worden, es schien ihnen immer wieder zu gelingen „kostenlos" einzukaufen. Sogar die Dreistigkeit, das potentielle Diebesgut erst anzuprobieren hatten sie schon besessen. Erstaunlicherweise erschienen sie ohne anwaltlichen Beistand, waren aber erkennbar gut auf das Ereignis vorbereitet. So traten sie sehr bescheiden aber nicht zu devot auf, sprachen sehr korrekt und gaben verständliche Antworten.

Nach Feststellung der Anwesenheit wurde die Anklage von einem Staatsanwalt verlesen. Dessen Anwesenheit beim Jugendgericht schrieb das Gesetz vor, bei Erwachsenen mit gleichem Tatvorwurf hätte ein Amtsanwalt genügt. Es war auch nicht erstaunlich, dass bei Amtspersonen wie einem Staatsanwalt gelegentlich eine gewisse, gequälte Langweile zu bemerken war, denn wegen so kleiner Fische mussten die sich üblicherweise nicht bemühen. Diesmal war das anders, der Staatsanwalt war selbst Vater zweier Töchter aus dieser Altersgruppe und nahm junge Menschen mit wohlwollender Besorgnis ernst. Er begann mit dem Verlesen der Anklage, darunter einer Aufzählung der nicht unbeachtlichen Menge von entwendeten Kleidungsstücken. Das endete mit dem Satz: „Schließlich fand man bei beiden Angeklagten je ein gerade entwendetes Bustier. Er sprach diesen Begriff so aus, wie es in der Anklageschrift stand, als sei es ein Wort der deutschen Sprache. Im Saal entstand Unruhe, selbst die sonst um ihre Seriosität bemühten jungen Damen auf der Anklagebank mussten kichern. Der Staatsanwalt blickte erstaunt auf.

„Das heißt ‚Büstje', das kommt aus dem Französischen", kam es leise von einer der Angeklagten.

Alle mussten lachen, auch der Vertreter der Anklage:

„Und das passiert mir, meine Frau ist Lehrerin für Französisch, wenn ich der das erzähle....".

Die gesamte Stimmung war gelockert, ob es den jungen Damen zu Gute kam, mag dahinstehen. Die Jugendlichen wurden antragsgemäß verurteilt. Der Richter sah sie als Angeklagte nie wieder – und das war schließlich wichtig.

Lebensweite

Rainer hatte mal wieder einen Tag mit Alkoholverkehrsstraftätern, er schätzte solche Konzentrationen schon wegen der Verfügbarkeit von Sachverständigen bei Trunkenheitstätern. Solche hatte der schon ergraute Kollege Klaus bei einem geselligen Abend „Schluckspechte“ genannt. Sinnigerweise hob der daraufhin sein Bierglas, leerte es auf einen Zug und bestellte sich das nächste. Er schien sich auszukennen und fuhr meist mit der Bahn. Rainer hatte sich angewöhnt, diese Spezialfälle immer konzentriert an einem Tag zu verhandeln. Wie fast immer hatte er auch einen medizinischen Sachverständigen zu so einem Ereignis geladen. Er hatte gemerkt, dass ihm das die Arbeit sehr erleichterte. Selbst in scheinbar klaren Fällen war es immer gut, wenn die Angeklagten einen Fachmann vor sich hatten, den sie auch für die medizinischen Zusammenhänge zwischen Alkohol und Fahrvermögen für hinreichend kompetent halten mussten und der meist gnadenlos über die nachweisbare Herabsetzung des Fahrvermögens nach Alkoholkonsum informierte. Der Sachverständige, der für heute angekündigt war, war ausgesprochen routiniert und ließ manchmal einen leicht sarkastischen Humor durchblicken, was die Sache für den Angeklagten vielleicht nicht erleichterte, für den Richter aber ein gewisses Amüsement bedeutete.

So hatte dieser Gerichtsmediziner in einem früheren Fall den Angeklagten, der behauptet hatte, seine beachtliche Promillezahl sei bei einem langen Abend in einer Gaststätte durch den Konsum von nur 2 Gläsern Wein entstanden, mit nicht zu überhörendem ironischen Unterton aufgefordert, ihm doch bitteschön das Lokal zu nennen, in dem der Wein in Litergläsern ausgeschenkt werde, denn eine derartige Menge hätte er im Laufe des Abends schon trinken müssen, um nachher bei der Kontrolle noch eine derart hohe Alkoholisierung aufzuweisen. Der Angeklagte hatte zunächst zu protestieren versucht, aber selbst sein Verteidiger konnte sich das Lachen nicht verkneifen und sprach nachher davon, der Angeklagte habe wohl die Größe der Gläser etwas falsch eingeschätzt. In einem anderen Fall hatte der gleiche Sachverständige eine eher rhetorisch gemeinte Frage gestellt. Er wollte von dem Angeklagten, der sich auf zwei Flaschen Wein berufen hatte, wissen, ob es sich um 0,7 oder 1,5 Liter Gefäße gehandelt hätte, denn er habe doch wahrscheinlich handelsübliche Flaschen gemeint. Anders sei sein Blutalkoholgehalt nicht zu erklären. Rainer nahm dem Sachverständigen diese Ausflüge nicht weiter übel, denn es war ein sich ständig wiederholendes Bild, dass die in diesen Fällen angeklagten Personen, die ja nachher beinahe regelmäßig auf ihre Fahrerlaubnis verzichten mussten, mit ausgesprochenen Schutzbehauptungen daher kamen. In der Regel waren sie völlig Alkohol ungewohnt, aber dann doch in der Lage, bei Promillegehalten, die einen normalen Menschen, der tatsächlich kaum Alkohol trank, ins Krankenhaus gebracht hätten, noch in der Lage waren, ein Kraftfahrzeug zu führen. Wenn auch häufig mit dem entsprechend negativen Erfolg eines Unfalles. Andererseits hatte er es auch noch nie erlebt, dass ein Anwalt diesen Sachverständigen als voreingenommen kritisiert hätte.

An diesem Tag waren zunächst zwei routinemäßig aussehende Fälle terminiert. Es waren jeweils Einsprüche gegen Strafbefehle eingelegt worden, die auf die Länge der Entziehung der Fahrerlaubnis zielten. Daher waren auch keine Zeugen geladen, aber der Sachverständige erwies sich auch in diesen Fällen als ausgesprochen sinnvoll. Er erklärte die wissenschaftlichen Zusammenhänge zwischen Alkoholkonsum und den Gefahren des Straßenverkehrs. Der Amtsanwalt äußerte daraufhin Bedenken, ob es bei der vorgesehenen Entzugsdauer bleiben könne, der Verteidiger bat um eine kurze Pause, um mit seinem Mandanten zu sprechen, und nahm anschließend den Einspruch zurück.

Der dritte Fall versprach interessanter zu sein, für ihn war auch der Rest des Vormittages gedacht. In der Geschäftsstelle hatte man Rainer bereits auf die Person des Verteidigers aufmerksam gemacht, der sei sehr streitbar und habe einschlägige Erfahrung, denn er habe selbst schon einmal aus Gründen zu hoher Alkoholisierung auf die eigene Fahrerlaubnis verzichten müssen. Rainer fragte nicht nach, woher diese differenzierte Kenntnis des Geschäftsstellenmitarbeiters komme und meinte nur, auch er kenne den Verteidiger.

Wie immer fand es Rainer wieder sehr interessant zuzuschauen, wie die Prozessbeteiligten den Sitzungssaal betraten. In welcher Reihenfolge sie hereinkamen, ob sie einen routinierten oder eher einen unbeholfenen Eindruck machten. Auch wie sie gekleidet waren. Rainer war gespannt, diesmal war eine relativ junge Frau angeklagt, die Mutter von 2 kleinen Kindern, sie war bislang strafrechtlich nicht in Erscheinung getreten und schon gar nicht wegen eines Alkoholverkehrsdeliktes. Sie wurde beschuldigt, im Zustand absoluter Fahruntüchtigkeit mit 1,6 Promille ein Kraftfahrzeug geführt und eine Fußgängerin angefahren zu haben.

Rainer sah sich auch diese Angeklagte genau an und hatte Mühe, sein Erstaunen zu verbergen. Es war zwar ein warmer Sommertag, aber so hätte die Angeklagte nicht unbedingt bei Gericht erscheinen sollen. Sie war zweifelsohne eine schöne, gut gewachsene junge Frau. Sie trug einen relativ kurzen Rock und darüber einen dünnen, eng anliegenden Baumwollpulli und - wie sich unschwer erkennen ließ - ein üblicherweise von Frauen in dieser Körperregion getragenes Wäschestück nicht. Einen Anlass dazu hätte ihr die Natur schon gegeben. Sie hätte es sicherlich nicht in jeder Lebenssituation gebraucht, aber in diesem Falle wäre es schon angebracht gewesen, etwas dezenter aufzutreten. Wohlgemerkt, sie war attraktiv, ihr Anblick war reizvoll. In anderen Zusammenhängen hätte Rainer sie gerne angeschaut. Nur als Angeklagte vor Gericht so zu erscheinen, hielt er dann doch nicht für passend. Andererseits waren dies Gesichtspunkte, die bei der Entscheidung keine Rolle spielen durften und für ihn auch keine Rolle spielten. Als ihr Verteidiger erschien tatsächlich derjenige, der ihm bereits als „gerichtsbekannter Alkoholverkehrsstraftäter“ benannt worden war. Einer der Geschäftsstellenmitarbeiter hatte ihn in leicht abfälliger Art so beschrieben, dass man allein seiner Gesichtshaut, die eifrige Mitarbeit bei der Vernichtung der Produkte der Schnapsindustrie ansehen konnte. Nun denn, dachte sich Rainer, der sollte lieber mal ein bisschen mehr darauf schauen, wie seine Mandantin vor Gericht auftrat. Das war Rainers allererster Eindruck, der sich dann im Laufe der Hauptverhandlung in einer nicht unbedingt positiv zu bewertenden Richtung verstärkte. Die übliche Befragung der Angeklagten zu Beginn der Hauptverhandlung erwies sich bereits als ausgesprochen zäh. Nach jeder Frage, selbst nach solchen zur Person, brauchte die Angeklagte eine gewisse Zeit, bis sie antwortete. Rainer vermeinte fast zu sehen, wie es hinter ihrer hübschen Stirn arbeitete, bis sie dann schließlich etwas sagte. Rainer konnte das nicht ganz zusammenbringen, denn sie hatte als Verlagsangestellte einen Beruf innegehabt, der durchaus sprachlich anspruchsvoll war, den sie zwar zur Tatzeit nicht ausübte, der aber doch den Schluss zuließ, dass sie verbal nicht völlig ungeschickt sei. Nach kurzer Zeit fiel ihm noch etwas anderes bei ihr auf. Als sie nämlich von dem Ereignis als solchem berichtete, gab es immer wieder Situationen, bei denen sich das Gesamtbild ihres Oberkörpers veränderte. Es ließ sich nicht übersehen, dass bei ihren beiden Brüsten die Brustwarzen erigierten und sich das durch den dünnen Pulli deutlich abzeichnete. Rainer neigte dazu, dies alles ihrer ohnehin nicht sonderlich passenden Kleidung zuzuordnen, es fiel ihm jedoch auf, dass der Zustand nicht durchgängig war, sondern immer dann auftrat, wenn sie etwas diffizilere Fragen zu beantworten hatte. Rainer konnte dann auch sehen, dass dies nicht nur bei seinen Fragen der Fall war, sondern auch bei den Fragen des Amtsanwalts bzw. des Sachverständigen und dann sogar auch bei Fragen ihres Verteidigers.

Rainer hatte schon bei der Terminierung geahnt, dass es wohl ein etwas zeitaufwendigeres Verfahren würde, er hatte nicht nur die beiden Polizeibeamten, die den Unfall aufgenommen hatten, geladen, sondern auch das Unfallopfer. Bei der nun begonnen Vernehmung stellte sich aber sehr schnell heraus, dass dies aus den verschiedensten Gründen nicht ausreichte, so waren die beiden aufnehmenden Polizeibeamten nicht identisch mit denjenigen, die die Angeklagte nachher zur Blutprobe gebracht hatten. Auf deren Wahrnehmungen legte aber der Sachverständige Wert, denn erstmals bei der Hauptverhandlung hatte der Verteidiger vorgetragen, die festgestellte, nicht unerhebliche Alkoholisierung der Angeklagten sei auf einen beachtlichen Nachtrunk zurückzuführen, den die Angeklagte nach dem Geschehen im Hause eines in unmittelbarer Nähe des Unfallortes wohnenden Bekannten zu sich genommen hätte, bis zu der Verletzung des Unfallopfers sei sie fast nüchtern gewesen. Nun mussten also die Polizeibeamten, die sie zur Blutprobe gebracht hatten darüber gehört werden, ob sie irgendwelche Veränderungen bei ihr im Laufe der Zeit festgestellt hätten. Ferner war auch der Nachbar, der ihr den Nachtrunk gegeben hatte, zu vernehmen. Ein Fortsetzungstermin wurde erforderlich. Bei der Verkündung dieses relativ unbedeutenden Beschlusses sah die Angeklagte wieder mit weit offenen Augen Rainer starr an. Der konnte sich dieses außergewöhnliche Verhalten nicht erklären, aber es war so ausgefallen, dass es ihm auffiel.

Eine Woche später beim Fortsetzungstermin wurde zunächst der Zeuge vernommen, den sie bis zum Auftauchen der Polizei aufgesucht hatte und der ihr den behaupteten Nachtrunk eingeschenkt hatte. Nach Angaben des Verteidigers habe es sich um ein ganzes Wasserglas voll Cognac gehandelt, das seine Mandantin sehr schnell getrunken hätte. Der Zeuge bestritt das energisch und meinte es habe sich um 2 cl gehandelt. Außerdem sei es kein Wasserglas sondern ein Whiskeyglas gewesen, aus dem sie den Cognac zu sich genommen hatte. Er habe sie vorher noch gefragt, ob das denn sehr sinnvoll sei, noch vor einer Blutprobe Alkohol zu trinken. Dennoch hätte sie auf dem Cognac bestanden, aber es habe sich nur um 2 cl gehandelt. Auf die sofort relativ scharf gestellte Frage des Verteidigers, woher er denn das so genau wisse, antwortete der Zeuge mit deutlicher Distanz, er sei Chemielaborant und arbeite täglich mit derart geringen Flüssigkeitsmengen. Die Diskussion um die aufgenommene Cognacmenge wurde nicht weiter vertieft, zumal auch die beiden Polizeibeamten keine erheblichen Veränderungen bei der Angeklagten zwischen dem Verhalten am Unfallort und der gerichtsmedizinischen Untersuchung festgestellt hatten, wie sie sonst üblicherweise nach einem Sturztrunk, wie der Sachverständige das genannt hatte, hätten auftreten müssen. Zum

Beispiel Lallen oder Zusammenbrechen oder mindestens plötzliches Schwanken beim Gehen.

Zur Überraschung aller Verfahrensbeteiligten hatte aber der Verteidiger noch einen Zeugen mitgebracht, von dem vorher nie die Rede gewesen war. Es handelte sich um einen nahen Verwandten der Angeklagten, den sie gleich nach dem Unfall angerufen und herbeigebeten hatte. Er sollte die getrunkene Cognacmenge bestätigen, hatte aber nur das bereits geleerte Glas gesehen und kein auffälliges Verhalten oder eine Verhaltensänderung beobachtet. Nachdem dann auch noch der Sachverständige ein eindeutiges Gutachten abgegeben hatte, konnte die Verhandlung geschlossen werden, einer Urteilsverkündung stand nichts mehr im Wege. Allerdings wies nun der Verteidiger darauf hin, die Angeklagte habe sich in einer extrem belasteten Situation befunden, ihre Schwiegermutter sei damals schwer krebskrank gewesen und mittlerweile gestorben. Rainer hatte auch unter Berücksichtigung dieser Behauptung keine besonderen Schwierigkeiten, zu einer Urteilsfindung zu kommen. Letztlich war der gesamte Ablauf ein Routinefall. Als er den Gerichtssaal wieder betrat und alle Beteiligten – wie das üblich war – aufstanden, fiel sein Blick auch auf die Angeklagte. Sie schaute ihn erwartungsvoll an. Wieder hatte sie diesen von ihm vorher bereits bemerkten, sehr starren Blick mit offenen Augen an sich. Als er schließlich noch im Stehen den Tenor des Urteils verkündete und sie zwischendurch anschaute, bemerkte er, dass sich wieder eine deutlich erkennbare Veränderung unter ihrem Pulli ergeben hatte. Na ja dachte er sich, vielleicht ist das bei allen Frauen so, aber da sieht man es nicht, denn die tragen entsprechende Kleidung. Auch während der Urteilsbegründung, fiel ihm auf, dass sie mit einem erstaunlich starren Blick an seinen Lippen hing und ihm sehr aufmerksam zuzuhören schien. Das Urteil war angemessen, es war sicherlich nicht sehr mild. Auch die Begründung ließ nichts an Deutlichkeit zu wünschen übrig. Das war so Rainers Art, denn er musste immer daran denken, dass gerade alkoholisierte Autofahrer für alle Menschen, also auch für ihn, eine beachtliche Gefahr darstellten. Die Sache war beendet. Erwartungsgemäß ging sehr bald darauf eine Berufungsschrift ihres Verteidigers ein. Rainer diktierte die Urteilsgründe. Er las das vom Schreibdienst hergestellte Urteil noch einmal durch, korrigierte es, soweit erforderlich, unterschrieb es, machte eine abschließende Verfügung und legte die Sache auf den Abtrag. Für ihn war der Fall erledigt.

Seit der Urteilsverkündung war gut eine Woche vergangen und am Ende dieser Woche ging er wie immer an einem Freitagnachmittag nach Hause und zwar, wie er das oft an Freitagen zu tun pflegte, zu Fuß, denn unterwegs traf er nahezu regelmäßig in irgendeinem der vielen Straßencafés, die er passierte einen Bekannten oder eine Bekannte, mit denen er dann ein Schwätzchen halten konnte. Er betrachtete das immer als einen guten Ausklang ins Wochenende. So kam es, dass er im Verlaufe des Nachmittags, von der Hauptstraße in eine Wohnstraße einbog, wobei ihm ein aus einem Vorgarten weit überhängender Busch die Sicht versperrte. Die Straße war, wie dies in dieser Gegend Frankfurts absolut üblich war, dicht beparkt. Auf die Fahrbahn ausweichen wollte er nicht, er hob die Äste ein wenig an, kam um die Ecke und musste stehen bleiben. Vor ihm war der relativ schmale Gehweg durch eine offen stehende Autotür versperrt. Dies war an sich kein ungewöhnlicher Vorgang, aber hinter dieser Autotür saß auf dem Fahrersitz die junge Frau, der er erst wenige Tage zuvor den Führerschein entzogen hatte. Allerdings hatte sie beide Füße auf dem Gehweg und nicht im Fahrzeug, sodass Rainer nicht den Schluss ziehen musste, dass sie das Fahrzeug dort abgestellt hätte. Abgestellt war es, der Motor lief nicht. Er hatte auch vorher nicht die für das Einparken eines Wagens typischen Geräusche gehört. Die Frau auf dem Fahrersitz, also Rainers ehemalige Angeklagte, blickte nach oben und erstarrte. Sie hatte Rainer sofort erkannt. Das war nicht zu übersehen. Rainer fand den ganzen Vorgang unangenehm. Er bat die Frau deshalb, sie möge bitte die Tür an sich ziehen, damit er passieren könne. Dies tat die Frau dann auch, wobei sie zunächst aus dem Auto aufstand und dann die Tür zu zog. Dabei konnte Rainer sehen, dass sie diesmal ein Sommerkleid trug, das zwar einen relativ langen Rock aufwies, aber im Oberteil lediglich so genannte Spaghettiträger hatte. Sie sah an diesem Tag lockerer aus, noch attraktiver, im Grunde war sie eine schöne Frau.

Rainer ging weiter, schaute sich auch nicht mehr nach dem Fahrzeug um, aber er war verärgert. Einerseits lag der Verdacht einer neuerlichen strafbaren Handlung sehr nahe, der drängte sich förmlich auf. Aber Rainer meinte zu sich selbst, dass er ja kein Polizeibeamter sei und dass man aus dieser Situation nicht zwingend schließen müsse, die Frau habe das Fahrzeug geführt. Andererseits musste er auch wieder an seine grundsätzliche Einstellung gegenüber alkoholisierten Kraftfahrern und deren Gefährlichkeit für die Allgemeinheit und auch für sich selbst denken. Das Bild verblasste, dennoch kam ihm immer wieder der Gedanke, na ja, wenn das mal gut geht.

Es kam dann, wie er befürchtet hatte. Als er am darauf folgenden Montagvormittag, so gegen neun zu seinem Zimmer kam, saß auf der davor stehenden Bank bereits seine ehemalige Angeklagte. Sie hatte ihn, wie sie später sagte, schon lange erwartet. Ohne Aufforderung folgte sie ihm in sein Zimmer. Rainer konnte nicht verbergen, dass ihm der Besuch ausgesprochen lästig war. In etwas gereiztem Ton fragte er sie:

„Was wollen Sie?“

„Es ist wegen Freitag, Sie haben mich doch gesehen.“ Rainer antwortete darauf nicht, dann meinte sie fast flehend:

„Ja am Freitagnachmittag haben Sie mich doch gesehen. Da in der L.-Straße.“

Rainer fuhr sie fast an, auf jeden Fall sprach er relativ scharf: „Bitte, reden Sie jetzt nicht weiter. Ihre Sache ist abgeschlossen, das Urteil ist geschrieben, es ist weg. Ja, ich habe Sie erneut gesehen. Das ist richtig. Aber ich habe Sie nicht beim Führen eines Kraftfahrzeuges gesehen. Ich habe auch keine weiteren Feststellungen getroffen, ob beispielsweise der Motor noch warm war oder die Stellung des Fahrersitzes Ihrer Beinlänge entsprach. Darüber hinaus bin ich weder Polizist, noch Staatsanwalt. Wie ich Ihnen bereits sagte, die Sache ist abgeschlossen, das Urteil ist unterwegs zu ihrem Verteidiger und zu Ihnen, ansonsten bitte ich Sie, mich jetzt arbeiten zu lassen.“

„Ja, aber.. …“

Rainer reagierte mit einem ausgesprochen gereizten Blick. Sie ließ sich aber nicht beirren:

„Ich will die Berufung zurücknehmen.“

Rainer hielt einen Moment lang inne, dann schaute er sie an:

„Wenn Sie das wirklich wollen, sind Sie hier nicht an der richtigen Stelle, die Staatanwaltschaft ist die Herrin des Verfahrens und für die eventuelle Rücknahme eines Rechtsmittels zuständig, im Übrigen empfehle ich Ihnen dringend, einen solchen Schritt erst mit Ihrem Verteidiger zu besprechen."

Die Frau ging darauf nicht näher ein. Sie sagte nur: „Ja, ich dachte, das müsste ich bei ihnen tun."

„Nein, für derartige Erklärung bin ich nicht zuständig. Aber wie gesagt, besprechen sie das bitte mit ihrem Verteidiger."

„Ja wissen Sie", meinte die Frau jetzt, die an diesem Tag übrigens einen dünnen Regenmantel trug und insgesamt recht unauffällig, eher seriös aussah „ich habe das ganze Wochenende darüber nachgedacht, jetzt ist ja wirklich alles aus." Dabei bemerkte Rainer, dass sie wieder diesen fast starren offenen Blick hatte, mit dem sie ihn anschaute. Er zögerte eine Weile und meinte dann:

„Bitte, seien Sie so nett, tun sie was ich Ihnen empfohlen habe. Ich habe Ihnen gesagt, was es dazu von meiner Seite aus zu sagen gibt und im Übrigen lassen Sie mich jetzt bitte alleine." Dem kam die Frau schließlich, wenn auch zögernd nach.

Rainer hatte noch genügend andere Arbeit und dachte nicht mehr an diesen Vorgang, bis es nach etwa einer Stunde klopfte und die Frau erneut erschien. Rainer sah sie nur mit großen Augen an. Sie sagte zunächst gar nichts, sondern legte ihm nur einen Zettel auf den Schreibtisch: Eine Erklärung der Staatsanwaltschaft, eine Quittung darüber, dass sie die Berufung zurückgenommen hatte. Rainer atmete tief und sah sie an: „Sagen Sie, haben Sie mit ihrem Verteidiger darüber gesprochen?" Wortlos schüttelte sie den Kopf. Rainer wusste, dass sie als Angeklagte eine derartige Erklärung auch ohne Rücksprache abgeben konnte und dass der von ihr getroffene Schritt mit Sicherheit rechtskräftig war. Er ärgerte sich. Schließlich sagte er:

„Frau L., ich glaube es ist jetzt wirklich besser, wenn Sie gehen.“ Sie schaute ihn groß an und er meinte nur: „Ich bin für die Sache nicht mehr zuständig, aber ich bin mir sicher, dass es noch Ärger geben wird. Sagen Sie es bitte ihrem Verteidiger und sagen Sie ihm dazu, dass ich ihnen davon abgeraten habe, es ohne Rücksprache mit ihm zu tun. Ansonsten bitte ich Sie jetzt wirklich, zu gehen.“ Sie stand noch kurze Zeit unschlüssig da und ging schließlich. Rainer war sauer. Er war nicht nur ärgerlich, er war richtig sauer.

Es kam dann auch, wie er sich das gedacht hatte. Der Verteidiger versuchte, gegen die Erklärung seiner Mandantin vorzugehen. Er stellte abenteuerliche Behauptungen über das auf, was Rainer der Mandantin alles gesagt hätte und als all dies nicht half, versuchte er sogar, deren Geschäftsfähigkeit bei der Abgabe der Erklärung in Zweifel zu ziehen. Zwar erwiesen sich am Ende all diese Versuche als zwecklos und seine Behauptungen als haltlos, dennoch hatte Rainer mit der Angelegenheit ziemlich viel Ärger und Arbeit. Er dachte nur, dass es wohl wirklich besser ist, wenn – wie das manche Kollegen taten – Wohn- und Arbeitsort weit auseinander lagen und derartige Zusammentreffen sehr unwahrscheinlich wurden. Angenehme Erinnerungen an die an sich relativ positive Erscheinung dieser Frau, stellten sich bei Rainer nun wirklich nicht mehr ein.

Umso erstaunter war er, als er Monate später einen relativ durchschnittlichen Einzelrichtertag zu absolvieren hatte, genau diese Angeklagte als Zuschauerin erschien. Allerdings war sie in ihrem äußeren Erscheinungsbild sichtlich verändert. Das fing bei einer strafferen, sachlicheren Frisur an und wurde hauptsächlich darin deutlich, dass sie in einem dunkelblauen Kostüm erschien, mit einer hoch geschlossenen Rüschenbluse. Auch ihr Rock war länger, er umspielte nun das Knie, während er damals auffällig kurz gewesen war. Nun muss man berücksichtigen, dass die Arbeit eines Einzelrichters in Strafsachen nur sehr selten Publikum anzieht. Gelegentlich erscheint ein Wohnsitzloser, der aber im Gericht dafür bekannt ist, dass er gerne als Zuschauer an Prozessen teilnimmt. Manchmal sitzt schon ein späterer Angeklagter hinten, um entweder den Richter zu studieren, oder weil er ganz einfach zu früh gekommen ist. Dass jemand ausdrücklich als Zuschauer zu einer bestimmten Sache kommen würde, war äußerst selten der Fall. Höchstens bei Verfahren, die aus irgendwelchen Gründen für die Öffentlichkeit interessant waren, tauchte einmal ein Pressevertreter auf. Speziell deshalb waren die Richter angehalten worden, doch dem Pressesprecher des Amtsgerichts Kenntnis von derartigen Terminierungen zu verschaffen, damit er die entsprechenden Informationen weitergeben konnte. So also war es für Rainer erstaunlich, dass überhaupt jemand kam und dann ganz besonders wunderte ihn, dass ausgerechnet diese Frau als Zuschauerin erschien. Sie kam öfter, meistens kurz nach 09:00 Uhr und ging gegen 12 Uhr wieder. In der Zwischenzeit verfolgte sie die Hauptverhandlungen und stand bei jeder Urteilsverkündung mit auf, wobei Rainer schon sehr bald auffiel – was er in dem ziemlich kleinen Saal auch gut sehen konnte – dass sie ihn jedes Mal bei der Urteilsverkündung sehr aufmerksam und mit den ihm schon aus ihrem Verfahren bekannten ausgefallenen Blick anschaute. Diese Frau tat das auch nicht nur in einem einzigen Termin, nein, sie kam über mehrere Wochen. Nur wenn Rainer Ordnungswidrigkeiten verhandelte, ging sie relativ bald wieder. Rainer war neugierig. Warum tat sie das? Schließlich ergab es sich einmal, dass eine Sache ausfiel und er schnell genug an der Zuschauertür war und sie abfangen konnte, denn er wollte sie sprechen.

Zunächst erschien es ihm, als sei es ihr peinlich, dass er sie ansprach, dann schaute sie ihn offen an: „Wie viel Zeit haben sie denn jetzt?"

„Gut eine Stunde", meinte er.

„Ja, dann können wir zusammen einen Kaffee trinken gehen."

Rainer sah keine Gründe, das nicht zu tun, denn ihre Sache war für ihn abgeschlossen und er rechnete nicht damit, dass er sie wiedersehen würde. Zumindest nicht als Angeklagte, sodass er sich auf den Vorschlag einließ und mit ihr zur Gerichtskantine ging. Dort sprach sie nahezu ununterbrochen und er hörte ihr mit Staunen zu. Sie sah ihn an und wieder traf ihn dieser Blick und diesmal aus einer sehr kurzen Entfernung:

„Sie sind für mich sehr wichtig geworden. Ich hätte das vorher nicht gedacht."

Rainer musste wohl etwas irritiert geschaut haben, denn sie sagte kurz darauf:

„Also, ich glaube, ich muss das erklären. Damals bei der Verhandlung war ich verheiratet. Inzwischen hat mein Mann die Scheidung eingereicht und er will mir die Kinder wegnehmen lassen. Wie sie vielleicht wissen, habe ich zwei Kinder, die beide im Kindergarten sind und die ich nachher wieder abholen muss. Da ich ja nicht Auto fahren darf und das jetzt auch wirklich nicht tue, mache ich das zu Fuß, bin aber immer da, weil ich Angst habe, er würde sie von jemand anderem abholen lassen. Der Streit ist sehr heftig und es geht ihm auch nicht wirklich um die Kinder, davon bin ich überzeugt. Es geht ihm um Vergeltung. Er ist beleidigt, gekränkt. Der Mann der damals zusätzlich als Zeuge kam, ist ein Verwandter von ihm. Ein Vetter, also ein naher Verwandter und mit dem hatte ich ein Verhältnis. Das hat mein Mann erfahren und zum Anlass genommen, einen Scheidungsantrag zu stellen. Mein Gatte oder Ex-Gatte versucht alles, um mich schlecht zu machen, damit man ihm die Kinder zuspricht. Dabei stützt er sich ganz stark auch auf die Verurteilung wegen der Trunkenheitsfahrt. Auf Anraten meiner Anwältin, also ich bin jetzt bei einer Frau, nicht mehr bei dem Anwalt, den Sie kennen. Auf Anraten meiner Anwältin bin ich zum einen in Therapie gegangen und zum anderen trinke ich absolut keinen Alkohol mehr. Ich lasse das immer wieder ärztlich überprüfen. Wenn Sie sich erinnern, haben Sie mir das ja seinerzeit in der Hauptverhandlung geraten. Ich sollte ständig meine Leberwerte feststellen lassen. Das sei zwar zunächst teuer, aber das würde einen sehr guten Eindruck machen, wenn es um die Wiedererlangung der Fahrerlaubnis gehe. Und hier geht es auch um die Kinder. Das ist das Eine. Das Andere ist die Wirkung der Therapie bei mir und das ist sicherlich sehr gut so, denn da hat sich sehr schnell etwas gezeigt, was ich dem Therapeuten recht bald gesagt habe." Sie stockte und sah Rainer etwas unsicher an. Ihr Blick hatte sich verändert, er war sanfter geworden. Schließlich fuhr sie fort. „Es muss unheimlich kurios, geradezu verrückt klingen, aber als ich verurteilt wurde, fand ich das schön." Rainer sah sie mit aufgerissenen Augen an und es rutschte ihm etwas heraus, so ein: „Ach so".

Sie meinte dann nur: „Sie haben das bemerkt. Es ist wirklich verrückt, aber es hat mir richtig gut getan, verurteilt zu werden. Ob es daran lag, dass Sie das waren, weiß ich nicht, aber Sie haben mich halt verurteilt. Ein ganz ähnliches Gefühl hatte ich, als Sie mich im Auto sahen. Das habe ich meinem Therapeuten erzählt. Dann haben wir eine Weile darüber gesprochen, wo das herkommen könnte und er meinte schließlich, ich sollte noch mal zu ihnen gehen und schauen, wie das ist, wenn Sie jemanden verurteilen, ob es mir dann ähnlich geht. Und das habe ich getan. Deswegen bin ich da immer wieder gekommen. Wir haben dann immer wieder darüber gesprochen und es hat sich immer stärker abgezeichnet, dass es da einen Zusammenhang mit meinem Vater geben muss. Mein Vater hat mich oft bestraft. Er hat mich verhauen. Ja, er hat mich auf den nackten Hintern gehauen. Ersparen sie mir Einzelheiten. Das Merkwürdige war nur, das tat mir nicht richtig weh, es hat mir Spaß gemacht. Das ist das, was ich dem Therapeuten auch gesagt habe. Genau das gleiche Gefühl hatte ich, als ich verurteilt wurde. Deshalb hat er gemeint, ich sollte mal wieder zu Ihnen gehen und sollte mir das anschauen, es anfühlen. Ich habe tatsächlich gemerkt, wenn Sie irgendjemanden verurteilen, dann war das so ähnlich. Es war nicht genauso, aber es war ganz ähnlich." Rainer sah sie mit etwas starrem Blick und vielleicht auch ein wenig ungläubig an. Er konnte das nicht fassen. Sie schaute zurück und ihr Blick wurde immer weicher und wärmer:

„So, jetzt wissen Sie es. Vielleicht ist es gar nicht gut, dass ich es Ihnen gesagt habe. Aber im Grunde hat es mir geholfen, verurteilt zu werden. Von Ihnen verurteilt zu werden." Dann trank sie ihren Kaffee aus, der war inzwischen wahrscheinlich genauso kalt wie Rainers Tee. Sie stand auf und bedankte sich:

„Ich muss jetzt gehen meine Kinder abholen." Rainer war irgendwo weit weg, er kehrte erst allmählich in die Wirklichkeit zurück:

„Ja und ich müsste schon längst wieder unten im Sitzungssaal sein." Die Frau ging und er sah sie nie wieder.

Noch eine ganze Weile trug er sich mit dem Gedanken, den Kontakt mit ihr zu suchen. Das wäre nicht besonders schwierig gewesen, denn an ihre Adresse kam er heran. Aber er tat es nicht, auch wenn es sehr sehnsuchtsvolle Fantasien waren, die sich in ihm breit machten. Jetzt konnte er es viel unumwundener zugeben, dass ihm diese Frau schon damals sehr gefallen hatte. Dass sie ihn auch erotisch sehr angesprochen hatte und dass er sich alles Mögliche mit ihr vorstellen konnte, vorstellen mochte. Dennoch tat er nichts dergleichen und entließ sie in die Versenkung der Erinnerung, in der sie schließlich verblasste.

Ein Jahr später beteiligte sich Rainer bei einer Tagung für Strafrichter an einer Gesprächsrunde. Die Gruppe wurde von einer Psychologin geleitet. Aufgabe der Gruppenteilnehmer war es, Ereignisse aus der richterlichen Praxis zu schildern, die sie besonders berührt hatten. Man wurde erst allmählich warm, die Anwesenden hatten offenbar große Angst, innere Vorgänge, gar Betroffenheit zu offenbaren. Einen Bereich hatte die Gruppenleiterin schon zu Anfang ausgegrenzt, es sollte nicht über Fehlurteile gesprochen werden, für diese Thematik sei die Veranstaltung nicht geeignet, da müsse man mehr Zeit haben und die Teilnehmer müssten sich besser kennen. Zunächst wurden auch eher von anekdotenhaften Erlebnissen berichtet, von tiefen Verbeugungen, vom rückwärts aus dem Saal gehen oder der Anrede „Euer Ehren“, die vermutlich durch den Konsum amerikanischer Filme erlernt war. Nach einiger Zeit entschloss sich R. von der ungewöhnlichen Trunkenheitsfahrt und der dort angeklagten jungen Frau zu berichten. Als er von seiner Beobachtung bezüglich der sichtbaren Veränderungen unter dem Pullover der Angeklagten berichtete, reagierte eine Kollegin sichtlich indigniert und traf Anstalten die Sitzung zu verlassen. Nur eine Intervention der Leiterin vermochte sie zum Bleiben zu bewegen. Rainer konnte nun seine Schilderung fortsetzen. Es wurde immer stiller, am Ende herrschte allgemeines Schweigen. Es war dann ausgerechnet die vorher so empörte Richterkollegin, die das Schweigen durchbrach und von einem Angeklagten berichtete, der ihr nach der Verurteilung eindeutige Angebote gemacht hätte. Hierzu hätte er sie sogar in ihrem Dienstzimmer aufgesucht und sich nur schwer zurückweisen lassen. Er hätte sich zu einer Art Stalker entwickelt, sie hätte das Dienstzimmer gewechselt und der Betreffende musste schließlich Hausverbot bekommen. „Hätte ich ihn doch in den Knast geschickt, dann hätte ich nachher meine Ruhe gehabt“, war ihr Schlusssatz, auf den keiner eine passende Antwort geben mochte. Alle gingen mit Betroffenheit auseinander. Mehr sei in der kurzen Zeit auch kaum zu erreichen gewesen, meinte die Psychologin. Sie riet allen, sich um Hilfe für ihre Psyche bei der Wahrnehmung ihrer richterlichen Aufgaben zu bemühen: „Mit einer Verurteilung kommen Sie den bei Ihnen angeklagten Menschen unglaublich nahe, näher als Sie es wahrhaben wollen. Das alleine zu ertragen ist nicht einfach“, war ihr Schlusswort.

Tags darauf saß Rainer zufällig beim Essen am gleichen Tisch mit der Psychologin, die nach einigem Zögern sehr direkt nach seiner Geschichte vom Vortag fragte, das Thema aber nicht in der zufällig entstandenen Essensrunde erörtern wollte. Sie einigten sich auf einen gemeinsamen Spaziergang in der nachmittäglichen Pause. Dort fragte sie Rainer dann sehr schnell:

„Und Sie haben später wirklich nichts mit der Frau gehabt?“

„Sie machen mich verlegen, denn ich hätte gern, es war so warm zwischen uns geworden."

„Und?"

„Ich habe mich nicht getraut, und dann war zu viel Zeit vergangen."

„Bedauern Sie es?"

„Ich bin mittlerweile fest liiert, und wenn Sie es meiner Partnerin nicht verraten, Ja!"

„Das Signal der jungen Frau war wohl eindeutig, sie hätte zu einem Angebot von Ihnen kaum ‚Nein' gesagt. Aber es ist vermutlich gut, dass Sie nicht nach dem weiteren Kontakt gesucht haben."

„Nun ja, ich war damals solo und die Frau gefiel mir, sie war sehr hübsch, oder denken Sie an berufliche Hinderungsgründe?"

„Das weniger, nur, was ich jetzt sage ist Spekulation, aber sie ist nicht unbegründet. Sagten Sie nicht, sie sei später bei einem Psychologen gewesen?"

„Ja, wegen ihrer Scheidung und wegen der Kinder."

„Zu ihnen ist sie wiedergekommen, weil der Kollege sie zu Ihnen geschickt hat, damit sie erlebt, wie Sie Menschen verurteilen, bestrafen."

„So hat sie das gesagt, aber ich verstehe das Problem nicht. Das war sicher eine ungewöhnliche Idee, aber es hat ihr ja scheinbar geholfen. Warum fragen sie so intensiv nach. Es scheint sie zu beschäftigen?"

„Zunächst mein Kompliment, dass Sie meine innere Erregtheit mitbekommen. Um es klar zu sagen - trotz des spekulativen Anteils - der Psychologe ist ein beachtliches Risiko eingegangen."

„Jetzt verstehe ich nur noch Bahnhof."

„Was wäre mit dieser Frau geschehen, wenn sich zwischen Ihnen beiden eine intime Beziehung ergeben und Sie die Frau bald darauf wieder verlassen – weggeworfen – hätten?"

„Das ist aber nicht meine Art, Frauen einfach zu gebrauchen, ich gebe mich schließlich auch hin."

„Eine lobenswerte Haltung, bravo! Ich will aber auf etwas anderes hinaus. Der Fall interessiert mich, selbst mit den spekulativen Anteilen. Diese Frau ist aus meiner Sicht ein – wenn auch ausgefallenes - eklatantes Missbrauchsopfer. Sie ist wahrscheinlich von ihrem eigenen Vater und vermutlich von klein an über Jahre sexuell missbraucht worden. Ob es dabei zum GV kam, kann dahin stehen. Wie das aufhörte wissen wir nicht, nur eines kann man mit ziemlicher Sicherheit sagen: Sie wären die ideale Fortsetzung ihres Traumas geworden. Daher finde ich den Rat des Kollegen atemberaubend."

„Und was wäre geschehen, wenn aus uns beiden ein dauerhaftes Paar geworden wäre?"

„Jetzt wird es vollends Spekulation, aber Sie scheinen mitgehen zu können. Wenn wir jetzt weiter darüber sprechen, denken Sie immer daran, es kann keiner von uns wissen, wie es weiter gegangen wäre. Wollen Sie dennoch?"

„Ich brenne darauf."

„Na gut, aber halten Sie mich nachher bitte nicht für einen Spinner."

„Schlimmstenfalls für eine Spinnerin."

„Sie bestätigen meine Vermutung, dass man Ihren Beruf nur mit einer beachtlichen Portion Sarkasmus aushalten kann oder sind Sie etwa ein Anhänger des erigierten I, um die männliche Prägung unserer Sprache zu mildern."

„Gewiss nicht, ich rede nur manchmal von Menschen und Menschinnen jedweden Geschlechts."

„Die Formulierung ist gut, die muss ich mir merken, jetzt aber zurück zum ernsten Thema. Ihre schöne Angeklagte war dabei ihr Trauma zu bearbeiten und Sie wären beinahe in diese Arbeit eingegliedert worden. Was hätten Sie denn getan, wenn sie ihre Geschichte aufgearbeitet, Sie als ‚Station' erkannt und Sie anschließend verlassen hätte?"

R. schwieg betroffen. Sie gingen eine Weile nebeneinander her. Nach einem Seitenblick fragte sie ihn: „Sie wissen einiges über sexuellen Missbrauch?" R. nickte. „Sie hatten auch schon eine Beziehung zu einem derartigen Opfer?"

Und als R. weiter schwieg, meinte sie: „Diese Frau hat Sie verlassen und das tat sehr weh?"

„Na ja, ich hatte bereits angefangen, mich anderweitig zu orientieren."

„Aber mit dieser Frau sind Sie nicht verheiratet?"

„Nein! Da lag noch einiges dazwischen."

„Sie meinen, da lagen noch einige dazwischen."

„Stimmt, Wichtiges geschieht da teilweise im Liegen."

Rainers Gesprächspartnerin musste lachen. „Es ist schön Ihren Humor zu erleben. Aber zurück zum Ernst, es ist ungemein häufig, dass Frauen in ihrer Kindheit Missbrauch erleben mussten und es sind immer wieder die gleichen Männer, mit denen sie nachher den Kontakt suchen und oft auch finden. Meist geht auch das wieder schief und das Leid ist groß. Es gibt aber auch Männer, die sich geradezu dafür anbieten. Sie sind ernst, vertrauenswürdig und", sie machte eine Pause, „sie sind oft sehr zärtlich und sie sind es gerne. Sie sollen wohl für das eintreten, was die Frauen als kleine Mädchen suchten: Zärtlichkeit. Sie wollten zärtliche Zuwendung und bekamen Sex, einen Sex den sie noch gar nicht begehrten und von diesen Männern schon gar nicht. " Wieder unterbrach sie ihre Rede und Rainer schwieg beklommen.

Diese Frau schien ihn genau zu erkennen. Er sah sie von der Seite an und sie schaute zurück: „Nicht wahr, Sie sind sehr sanft und rücksichtsvoll, noch etwas: Sie kennen viele Frauen mit Missbrauchserfahrung?“

„Stimmt! Jetzt eine mehr - Sie.“

Beide blieben stehen, sie nickte fast unsichtbar. Rainer sah sie offen und warm an:

„Wir sind uns sehr nahe gekommen, manchmal erkennt man sich.“

„Manchmal lässt man sich erkennen.“ Sie standen voreinander, zögerten einen Moment und dann küssten sie sich.

„Ich heiße Rainer.“

„Und ich heiße Vera.“

„Wir sollten jetzt ‚Du’ zueinander sagen.“

„Ja, das auch, das sollten wir mindestens tun.“ Sie nahmen sich in den Arm, drückten sich heftig und küssten sich erneut.

„So etwas darf bei einer Veranstaltung, wie unserer jetzigen, eigentlich nicht passieren, mindestens darf eine Referentin derartiges nicht tun, auch ein Kursteilnehmer sollte es lassen“, meinte sie nun, dann küssten sie sich wieder. „Es sollte hier niemand bemerken können, was sich bei uns geändert hat, wir sollten uns aber unbedingt wiedersehen – woanders.“

„Gerne, sehr gerne!“

Dann nahmen sie sich nochmal fest in den Arm, küssten sich tief und gingen auseinander.

Resozialisierung

Es war ein durchschnittlicher Tag für einen Jugendrichter, lauter wirklich junge Leute mit recht alltäglichen Delikten. Es wurden keine ausgefallenen Taten verhandelt und keine gravierenden Strafen verhängt, alle Entscheidungen wurden akzeptiert. Die Sitzung war beendet, plötzlich kam heftige Kritik von jemand, von dem es Rainer nicht erwartet hatte und von wo auch bisher keine Kommentierung erfolgt war: Von der Protokollführerin. Das war eine sehr junge Frau, die Rainer schon wegen ihrer Freundlichkeit und ständigen Wachheit während der Sitzung auch schon früher geschätzt hatte. Er hatte auch bisher noch nie erlebt, dass ihm jemand aus dieser Position heraus Vorhaltungen gemacht hatte, er habe nicht nachvollziehbar entschieden. Nun aber wurde ihm lautstark und heftig vorgeworfen, er sei ungerecht. Zwei der Angeklagten hätten nahezu identische Straftaten begangen. Beide hätten einfache Ladendiebstähle begangen – vermutlich um ihre Drogen zu finanzieren, sie wären aber sehr unterschiedlich bestraft worden. Während der Junge, der mit den auffallen schönen Augen – so die junge Protokollführerin - einen Wochenendarrest gefangen hätte, wäre die großgewachsenen, nur wenig ältere, junge Frau mit ein paar Arbeitsstunden davongekommen. Die Frau habe Rainer wohl gefallen, schon wegen ihres beachtlichen Busens und weil sie ihn so verführerisch angelächelt habe.

Rainer hatte eine derartige Kritik noch nie erlebt und auch von keinem Kollegen jemals Vergleichbares geschildert bekommen. Dennoch wies er auf die sehr unterschiedliche jeweilige Vorgeschichte der beiden Angeklagten und auf deren wechselhafte Bereitschaft zur Zusammenarbeit mit der Jugendgerichtshilfe hin. Die junge Protokollführerin war jedoch nicht zu überzeugen und ging kopfschüttelnd davon.

Wenige Wochen später hatte Rainer mit dem jungen Mann eine eindrucksvolle Begegnung. Der wurde polizeilich vorgeführt, nicht etwa weil er den Arrest nicht angetreten hatte, sondern weil er zusammen mit anderen jungen Männern eine ältere Dame überfallen hatte, um ihr die Handtasche zu rauben. Das Opfer erwies sich aber als längst nicht so schwach, wie die Täter es eingeschätzt hatten. Mit schnellem Griff warf sie den Jungen mit den schönen Augen zu Boden, fixierte ihn dort mit dem Fuß und übergab ihn schließlich der Polizei, die ihn dann mit unverhohlener Häme darüber aufklärte, er habe sich an einer pensionierten Aufsichtsbeamtin aus dem Strafvollzug versucht. Als er nun bei der polizeilichen Vorführung vor dem Gericht von Rainer hörte, ihm drohe nun Untersuchungshaft, wurde er kleinlaut, er habe die letzten Wochen auf der Straße gelebt, wolle jetzt aber wieder brav sein und gern bei seiner Mutter wohnen, die könne man ruhig danach fragen. Rainer bat um die Telefonnummer, rief die Frau an, erreichte sie und stellte gleich nach deren erster Reaktion das Telefon laut: „So, Sie haben ihn festgenommen, herzlichen Glückwunsch! Behalten Sie ihn, bei mir braucht er sich nie wieder blicken zu lassen, dann kann er auch nicht wieder meine Haushaltskasse klauen." Die Mutter knallte den Hörer auf, ihr 17jähriger Sohn fing an zu weinen. Er kam zunächst in Haft und wenige Tage später auf Betreiben der Jugendgerichtshilfe in eine betreute Wohngemeinschaft. Rainer sah in noch zwei Mal als Angeklagten, dann hatte er sich wohl gefangen, er wolle sich unbedingt bessern, sagte er, denn er habe eine Freundin gefunden oder besser gesagt: Eine Freundin hatte ihn gefunden. Als Rainer erfuhr, wer es war, meinte er nur: Wie in einem billigen Roman: Es war die junge Protokollführerin, die ihn so deutlich unter ihren Schutz genommen hatte.

Prozessleitung

Ein Verfahren vor dem Jugendschöffengericht: Angeklagt war eine Frau von 20 Jahren. Ihr wurde eine schwere Körperverletzung vorgeworfen. Sie sollte der Geschädigten in der Küche eine gefüllte Fritteuse an die Brust geworfen haben. Das Gerät war in bestimmungsgemäßem Gebrauch, d.h., es war bereits seit einiger Zeit eingeschaltet, es war sehr heiß, die Angeklagte wollte gerade für beide Personen Pommes frites zubereiten. Insbesondere das in der Fritteuse befindliche Öl von gut 0,5 l, war stark erhitzt. Das Öl schwappte beim Aufprall aus dem Kessel auf die Geschädigte, es traf sie an der Brust, am Hals und an einer Wange. Dort erzeugte es Verbrennungen zweiten Grades, die besonders da, wo sie auf die unbedeckte Haut trafen, deutliche Verletzungen hervorriefen, was trotz unverzüglicher ärztlicher Behandlungen zur Bildung von bleibenden Narben führten.

Die Beteiligten waren Mutter und Tochter, letztere war angeklagt, ihre Mutter war die Verletzte. Die beiden hatten sich in der erst kürzlich neu bezogenen Wohnung der Tochter getroffen, um sich auszusprechen, bzw. zu versöhnen. Sie hatten bis wenige Wochen vorher zusammen gewohnt, waren aber nach dem Tod des Vaters im Streit auseinander gegangen. Die Tochter war ausgezogen. Ein wesentlicher Streitpunkt waren die sehr unterschiedlichen Vermögensanteile, die der Verstorbene testamentarisch für die beiden Frauen verfügt hatte. Die Tochter hatte weit mehr von dem nicht unbeträchtlichen Vermögen des Vaters geerbt, als dessen Witwe.

Trotz der Verärgerung der Mutter wegen der Bevorzugung ihrer Tochter hatten sich die beiden zum Kaffee getroffen und schließlich beschlossen, sich zu versöhnen und zusammen zu Abend zu essen. Die Tochter, die spätere Angeklagte, ging dazu in ihre Küche, um das Essen zuzubereiten. Nach wenigen Minuten folgte ihr ihre Mutter. Es kam erneut zum Streit. Der wurde schließlich so heftig, dass die Tochter der Mutter die Fritteuse entgegen schleuderte und sie an der Brust traf, wobei sie offenbar den Stecker aus der Wand riss. Sie war wohl über ihr eigenes Verhalten sehr erschrocken und sorgte sehr schnell für die ärztliche Behandlung ihrer Mutter, konnte dadurch aber nicht verhindern, dass die Geschädigte unter heftigen Schmerzen litt und dass Narben zurückblieben, besonders auffällig war eine im Gesicht.

Die Geschädigte war als Nebenklägerin zugelassen, sie war in Begleitung einer Rechtsanwältin und eines weiteren Anwalts erschienen. Die Angeklagte kam mit zwei Verteidigern. Auf die Hinzuziehung eines medizinischen Sachverständigen war verzichtet worden. Die zu den Akten gereichte ärztliche Stellungnahme wurde von beiden Seiten akzeptiert.

Der Strafregisterauszug der Angeklagten wies zwei Voreintragungen wegen Verstoßes gegen das Betäubungsmittelgesetz auf, die allerdings bereits einige Jahre zurücklagen.

Die Angeklagte räumte den Vorwurf unumwunden ein und brachte ihr Bedauern über die Verletzungen zum Ausdruck. Sie sei halt sehr temperamentvoll – das habe sie wohl von ihrem Vater geerbt -, aber zu einer bleibenden Verletzung ihrer Mutter hätte ihr Gefühlsausbruch nicht führen dürfen. Sie hoffe, ihre Mutter würde ihr verzeihen. Sie sei auch zur Finanzierung aller in Frage kommenden Heilmaßnahmen bereit. Über den Inhalt des Streits wollte die Angeklagte zunächst nichts sagen, kam aber nach wiederholter, hartnäckiger Befragung damit heraus, ihre Mutter habe ihre Unzufriedenheit an der Erbaufteilung sehr deutlich geäußert und schließlich der Angeklagten eine Mitschuld unterstellt. Eine

Nachfrage des beisitzenden Schöffen, ob sie die testamentarische Aufteilung mit Ihrem Vater abgesprochen habe, wies sie schroff zurück. Sie habe sich nie irgendwelche Gedanken über ein Leben nach dem Tod ihres Vaters gemacht und schon gar nicht habe sie mit ihm über Erbfragen gesprochen.

Rainer fragte sie nun, ob ihr ihre Mutter Derartiges unterstellt habe oder ihr einen zu engen Kontakt mit ihrem Vater vorgeworfen habe, gar ein zu enges, gar ein spezielles Verhältnis zwischen den beiden.

„Nein, der Umgang zwischen meinem Vater und mir war eher ‚künstlich' zu nennen. Mein Vater hat nie wirklich akzeptiert, dass ich größer wurde, er hat mich oft mit einem Kosenamen aus meinen Kindertagen angeredet. Meine Mutter fand das wohl unangemessen, hat aber nichts dazu gesagt. Sie hat mir jetzt aber vorgeworfen, sie habe sich für mich geopfert." Nun wurde das von der Angeklagten schon früher eingeräumte heftige Temperament deutlich, sie wurde hektisch und laut.

„Meine Mutter hat behauptet, sie hätte meinen Vater nur geheiratet, damit ich eine vollständige Familie erleben könnte und nicht, wie sie, als Halbwaise aufwachsen müsse. Sie selbst habe so leben müssen. Ihren Vater habe sie nicht gekannt, der war Soldat und kurz vor Kriegsende, noch vor ihrer Geburt, gefallen. Ihre Mutter, also die Großmutter der Angeklagten, habe sich nie einem anderen Mann zugewandt und ihre Tochter allein groß gezogen". Mit 16 war die Mutter der Angeklagten Lehrling in einer Firma, die auch ihrem späteren Gatten gehörte. Der habe sich sehr für sie interessiert, sie verführt und geschwängert. Obwohl er deutlich älter war als sie, heirate sie ihn kurz nach der Geburt der gemeinsamen Tochter. „Ich hätte sicher gemerkt, dass die Beziehung zwischen meinem Vater und ihr, den Ehepartnern, nicht gerade ideal war, meinte sie zu mir. Mein Vater hätte bei seinen zahlreichen, berufsbedingten Reisen oft Affären mit anderen Frauen gehabt und ihr gegenüber daraus auch keinen Hehl gemacht. Aber mir zuliebe habe sie das alles ertragen, Hauptsache ich würde in einer vollständigen Familie leben. Sie sei die wahre Heldin, aber ich bekäme jetzt mehr als sie und das sei ungerecht."

Nun bat die Schöffin durch entsprechende Handzeichen um das Fragerecht, das ihr Rainer durch Kopfnicken gewährte:

„Und dieser Vorhalt reichte aus, um ihr die Fritteuse an die Brust zu werfen?"

Die Angeklagte sah schweigend zu Boden und meinte dann sehr leise: „Ich bin halt so!"

Die Geschädigte wurde nun als Zeugin vernommen. Sie bestätigte die Aussagen der Angeklagten über den Streit. Machte auch über das Ausmaß der Verletzungen nähere Angaben, besonders die Narbenbildung sei problematisch, zumindest die im Gesicht sei nicht zu übersehen und erfordere besondere Aufmerksamkeit beim Schminken, eine operative Hauttransplantation habe man ihr in Aussicht gestellt.

Die Befragungen waren beendet, keiner hatte mehr Fragen, auch der Staatsanwalt nicht. Rainer wunderte sich, nicht einmal die Verteidiger der Angeklagten hatten ein Interesse, mehr über die aggressiven Reden der Mutter zu erfahren, denn das hätte ggf. den Schuldvorwurf an die Angeklagte mildern können.

Nun erhielt die Vertreterin der Jugendgerichtshilfe das Wort. Sie stellte zunächst fest, aus dem Verhalten der Angeklagten sei auf beachtliche Reiferückstände zu schließen. Auch bei einem persönlichen Gespräch zur Vorbereitung des Termins habe sie eine merkwürdige Verschlossenheit gegenüber dem Vorwurf, körperliche Gewalt angewendet zu haben, gezeigt. Sie sei ja geständig, aber sie habe den Eindruck, das Geständnis sei nicht völlig echt, die junge Frau fühle sich ihrer Mutter gegenüber noch immer ein wenig berechtigt, sich gegen sie zur Wehr zu setzen, sich gegen eine ungerechte Behandlung durch die Mutter zu wehren. Sie habe selbstverständlich eingesehen, dass eine körperliche Schädigung ihrer Mutter nicht angemessen gewesen sei und das tue ihr auch leid, sie sei aber für deren Schicksal und die Behandlung durch den Vater nicht verantwortlich. Die Jugendgerichtshelferin empfahl daher die Anwendung von Jugendrecht, die Angeklagte stehe zwar kurz vor der Vollendung des 20. Lebensjahres und damit kurz vor der gesetzlichen Grenze, könne aber noch nicht wie eine Erwachsene behandelt werden.

Der Staatsanwalt schloss sich dieser Empfehlung an und beantragte auch im Hinblick auf die Voreintragungen eine Jugendstrafe von 18 Monaten, deren Vollstreckung zur Bewährung ausgesetzt werden solle. Während der Bewährungszeit solle sie eine Arbeitsauflage von 120 Stunden erfüllen.

Die Vertreterin der Nebenklage hielt die beantragte Strafe für angemessen, bat aber noch darum, der Angeklagten die Erfüllung der bereits zugesagten Kostenübernahme ärztlicher Behandlungen aufzuerlegen.

Von den beiden Verteidigern ergriff nur einer das Wort. Er bat um Berücksichtigung des vorbehaltlosen Geständnisses der Angeklagten. Einer finanziellen Auflage bedürfe es seiner Meinung nach nicht, es habe bereits vor dem Termin eine zivilrechtliche Einigung zwischen Mutter und Tochter über deren Verpflichtung zur Übernahme der Behandlungskosten gegeben außerdem habe man sich über ein beträchtliches Schmerzensgeld geeinigt.

Nun hatte die Angeklagte das letzte Wort. Sie bat ihre Mutter nochmals um Verzeihung, sie könne sich ihr Verhalten bis heute nicht erklären. Die Fritteuse habe sie entsorgt, so ein Gerät wolle sie nie mehr haben.

Die Sitzung wurde unterbrochen. Nach einer außergewöhnlich langen Beratung kam das Gericht zur Urteilsverkündung zurück. Die Angeklagte wurde zu einer Jugendstrafe von 15 Monaten verurteilt, deren Vollstreckung zur Bewährung ausgesetzt wurde. Die Dauer der Bewährungszeit wurde auf 2 Jahre festgesetzt, ferner wurde eine Arbeitsauflage von 100 Stunden auferlegt. Nach der Urteilsbegründung regte Rainer an, die Jugendgerichtshilfe möge der Verurteilten eine Tätigkeit bei der Betreuung von Unfallverletzten oder alten Menschen ermöglichen.

Es wurde allseits Rechtsmittelverzicht erklärt, das Urteil wurde damit unverzüglich rechtskräftig.

Rainer diktierte die Urteilsgründe, unterschrieb die Reinschrift und verfügte die Wiedervorlage der Akten zum Ablauf der Bewährungsfrist. Fast hätte er den Fall vergessen, aber der tauchte immer wieder in seinem Gedächtnis auf. Irgendetwas störte ihn, alles war glatt gegangen, vielleicht zu glatt. Bei keiner Hauptverhandlung vorher oder nachher war der Ablauf so unproblematisch. Gut, Fälle, bei denen es nur um eine Sachbeschädigung bei einem Verkehrsunfall ging, waren schneller erledigt, gingen glatter über die Bühne. Hier aber war ein Mensch körperlich verletzt, erkennbar gezeichnet worden und alles geschah unter zwei nahen Verwandten, zwischen Mutter und Tochter. Ein wenig erinnerte es ihn an Zivilverfahren, bei denen sich die Parteien schon vor einer Gerichtsverhandlung außergerichtlich geeinigt hatten, aber da ging es oft nur um die unterschiedlichen Möglichkeiten der Vollstreckung, und hier...?

Die Zeit verging, kurz vor Ablauf der Bewährungszeit kam die Bewährungshelferin, die für den Fall zuständig war, zu Rainer. Sie berichtete, alles sei problemlos gelaufen, sie habe die Verurteilte an ein Pflegeheim vermittelt, von dem sie wusste, die Verurteilten würden dort mit zu betreuenden Menschen in Kontakt kommen und nicht nur als billige Arbeitskräfte zum Reinigen und Beziehen von Betten missbraucht. Nun hätte die Verurteilte einen Wunsch geäußert, sie, die Bewährungshelferin, solle den zuständigen Richter, also Rainer, bitten, ihr die Urkunde, mit der die Beendigung der Bewährungszeit verfügt werde, persönlich zu übergeben. Sie wisse von anderen, das sei ungewöhnlich. Normalerweise werde ein derartiges Dokument per Post zugestellt, sie wolle aber nochmal mit dem Richter, der sie seinerzeit verurteilt hätte, reden. Das sei sicherlich ein außergewöhnlicher Wunsch, aber sie habe ihn nun mal. Der Richter habe sie damals offenbar gut verstanden, auch wenn nicht alles zu Sprache gekommen sei, was mit der Sache zu tun hatte. Sie wolle sich bedanken und noch das eine oder andere erklären, was damals nicht konkretisiert worden sei und für den Richter möglicherweise rätselhaft blieb. Seine Besucherin versicherte ungefragt, sie hätte die junge Frau auf das Außergewöhnliche ihres Wunsches hingewiesen, sich dann aber nach eingehender Erörterung doch entschlossen, ihn zu fragen. Sie habe auch die Idee, so ein abschließendes Gespräch solle zum Regelfall in vergleichbaren Verfahren werden. Ein Jugendlicher könne dadurch sicher auch den Erfolg seiner Entwicklung und seines hoffentlich gehabten Lernprozesses besser erleben.

Rainer war erstaunt, mit der Jugendgerichtshelferin hatte er seit Jahren einen guten Kontakt, er war ohnehin der Meinung, dass die Arbeit dieser Personen für die Resozialisierung der jugendlichen Straftäter von nicht zu unterschätzendem Nutzen sei. Er stimmte also zu und ließ der Verurteilten einen Termin vermitteln. Sie kam und Rainer hatte einen durchweg guten Eindruck von ihr. Seinerzeit bei der Hauptverhandlung hatte sie doch etwas verunsichert - wenn nicht verängstigt -gewirkt. Sie entschuldigte sich, seine Zeit in Anspruch zu nehmen, aber damals sei nicht alles gesagt worden und ihrer Meinung nach habe er ein Recht, die gesamte Wahrheit zu erfahren.

„Na gut, hoffentlich habe ich damals nicht etwas Wichtiges übersehen und Sie unangemessen oder gar zu Unrecht verurteilt."

„Nein, das gewiss nicht, Sie haben mir in einer höchst sensiblen Situation weitergeholfen, der tatsächliche Hintergrund war mir einfach zu peinlich, ich hätte ihn nicht vortragen mögen."

„Jetzt haben Sie mich aber richtig verunsichert, was war denn wirklich los?"

„Mein strafbares Verhalten, die schwere Verletzung meiner Mutter, war richtig bewertet, daran gibt es keinen Zweifel. Nur die Ursache, weshalb es dazu kam, war etwas anders. Ja, wir hatten Streit über das Erbe, aber der Auslöser für meinen Wurf mit der heißen Fritteuse war ein anderer. Er hatte mit einem jungen Mann zu tun, der für mich sehr wichtig war und wieder ist. Wir werden demnächst heiraten. Vor vielen Jahren hatten wir uns im Krankenhaus kennen gelernt, ineinander verliebt und wurden ein Paar. Ich war damals noch Schülerin und er war einige Jahre älter. Mit der Zeit erschien er mir in vielen Dingen einfach zu ernst. Ich hatte keine Lust, mich zu ihm als meinem Freund zu bekennen. So habe ich mich bei meinen Freundinnen nicht mit ihm gezeigt, seine Wünsche nach gemeinsamem Urlaub oder gar Lebensplanung habe ich stets abgelehnt. Eines Tages wollte er mich seinen Freunden vorstellen, wie ich meinte: Er wollte mich präsentieren. Das wollte ich nicht. Vielmehr wollte ich – ohne ihn – zu einer Freundin fahren und bat meine Mutter, ihm meine Absage mitzuteilen. Die übernahm das, wobei sie die Absage wohl als umfassender und als endgültiger ansah, als ich sie vielleicht gemeint hatte. Ergebnis: Sie gab die Information weiter und da sie den jungen Mann sehr sympathisch fand, verführte sie ihn und machte ihn zu ihrem Geliebten. Ihre Klagen über Nebenbeziehungen meines Vaters waren reichlich aufgesetzt, sie stand ihm bezüglich ehelicher Treue - oder besser Untreue - kaum nach. Von dieser Entwicklung war ich nicht begeistert, konnte dem aber auch positive Aspekte abgewinnen: Der junge Mann blieb in meiner Nähe, ich konnte ihn unter ganz anderen Gesichtspunkten und mit angemessener Distanz besser kennen lernen. An eine allzu lange Dauer der Beziehung zwischen ihm und meiner Mutter glaubte ich ohnehin nicht. Sie haben sich noch vor dem Tod meines Vaters getrennt, obwohl oder weil sie erst wenige Wochen zuvor gemeinsam in Urlaub gefahren waren."

„Wenn ich das richtig verstehe, dann gingen Sie von einem Wiederaufleben der Beziehung zwischen Ihnen und dem jungen Mann aus?"

„Ja, die Beziehung hatten wir nie richtig beendet. Ich hatte ihm eine Absage für diesen Tag ausrichten lassen. Meine Mutter hatte das wohl missverstanden und vermutlich auch fehlerhaft übermittelt. Er hat mir gegenüber nicht reagiert sondern Fakten geschaffen, die ich wohl nicht richtig ernst nahm. Wir haben uns darüber ausgesprochen und wieder zusammengefunden, über das bevorstehende Ergebnis habe ich bereits berichtet."

„Aber die beiden hatten doch eine intime Beziehung miteinander, hat sie das nicht gestört?“

„Ich sagte ja schon, ich habe es nicht sonderlich ernst genommen. Vielleicht haben Sie und ich auch recht unterschiedliche Auffassungen von der Bedeutung intimer Beziehungen. Das mag an der unterschiedlichen Wertschätzung eines solchen Vorgangs liegen, denn die dürfte sich gewandelt haben. Ich denke, man nimmt das in meiner Generation nicht mehr so wichtig. Im Zeitalter der Pille und der Selbstverständlichkeit von Verhütung kommt einer solchen Begegnung nicht mehr die gravierende Bedeutung zu, die es früher hatte, als besonders Frauen an die möglichen Folgen für ihr weiteres Leben denken mussten. Gemeinsames Lusterleben steht heutzutage im Vordergrund, ob es dabei auch zum Beischlaf kommt, ist sicher nicht unwichtig, es ist eine Variante der Liebespraxis, vermutlich die schönste Variante, aber nicht das ausschließliche Kriterium für Liebe.“

„Na ja, dann bin ich da wohl etwas altmodischer. Aber das war doch vermutlich nicht der ausschlaggebende Streitpunkt zwischen Ihnen und Ihrer Mutter?“

„Nein nicht ganz. Es war nicht das Ob, es war das Wie.“

„Das müssen Sie genauer erläutern.“

„Meine Mutter und mein Freund - ja, er ist es jetzt wieder – waren noch vor dem Tod meines Vaters auseinandergegangen, sie hatte den Verdacht, er und die gemeinsame intime Beziehung zwischen den beiden, wäre an dem für sie ungünstigen Testament schuld. Sie schien sogar ein gemeinschaftliches Tun mit mir zu vermuten, hielt auch eine neuerlich Annäherung zwischen uns für möglich. Es gelang mir, ihre Befürchtungen zumindest bezüglich der Erbregelung zu zerstreuen und zwar allein mit dem Hinweis auf das Alter des Testaments, auf das Datum seiner Ausfertigung. Das Testament und die schon vorher deutliche Bevorzugung durch meinen Vater war auch der hauptsächliche Inhalt des Gesprächs zwischen uns, zu dem sie in meine Wohnung gekommen war. Wir sprachen recht ausführlich über die Situation und einigten uns über nötiges gemeinschaftliches Handeln in zwei Firmen, die mein Vater uns anteilig überlassen hatte. Ich schlug schließlich vor, gemeinsam zu Abend zu essen. Deshalb ging ich in die Küche, um ein einfaches Mahl vorzubereiten. Obwohl es nicht abgesprochen war und ich es auch für überflüssig hielt, folgte sie mir in die Küche. Sie kam nun auf unseren gemeinsamen Freund zu sprechen und fragte mich in abfälligem Ton, was ich denn von seinen männlichen Fähigkeiten hielte. Ich hatte überhaupt keine Lust, mit ihr darüber zu reden. Sie aber steigerte sich geradezu in recht ordinäre Schilderungen seines Könnens, die darin gipfelten, er habe auch sehr für eine ausgefallene Praxis geschwärmt und sie von ihr verlangt. Ich mochte die Thematik nicht vertiefen und bat sie - recht laut - damit aufzuhören. Sie aber behauptete, er habe wohl auch homoerotische Neigungen. Sie schilderte ein angeblich stattgehabtes Ereignis: Während des gemeinsamen Urlaubs habe er darauf gedrungen, mit ihr auch analfundierten Verkehr zu haben, dabei drückte sie sich recht ordinärer aus. Ich geriet in Wut, schrie sie laut an und warf schließlich die heiße Fritteuse, die vor mir stand, nach ihr. Sie schrie auf. Ich sah, was ich angerichtet hatte, gab ihr ein nasses, kaltes Handtuch zur Linderung der Schmerzen und rief den Notarzt an. Den Rest kennen Sie."

„Und warum wurde das nicht in der Hauptverhandlung berichtet?"

„Meine Mutter wollte nicht, dass dieser Teil des Streits bekannt würde. Ihre beiden Anwälte, darunter die spätere Nebenklagevertreterin drängten mich, einer einvernehmlichen Regelung zuzustimmen. Ich habe dann auch einen Rechtsanwalt aufgesucht, der schließlich mit den Vertretern der Gegenseite verhandelte. Man traf sich zu einem allseitigen Gespräch. Meine Mutter bestritt die Differenziertheit ihrer Darstellung und behauptete, meine Aggressivität beruhe auf der Tatsache, dass sie mir den jungen Mann seinerzeit ausgespannt habe und er keinerlei Neigung zur Rückkehr zeigte. Ich verneinte das heftig und drohte, ihre Behauptung, es habe Analverkehr gegeben, vor Gericht zu bekunden und mit ihrer Äußerung meine Wut und Aggressivität zu erklären. Nun wurde ich von meinem Anwalt darüber belehrt, Analverkehr sei nicht nur bei Homosexuellen gebräuchlich sondern werde auch von Heterosexuellen ausgeübt. Ich war über diese Erklärung sehr erstaunt und versuchte in den nächsten Tagen, diese Wissenslücke zu schließen. Ich habe einiges darüber gelesen und dabei erfahren, dass diese Sexualpraktik auch bei Frauen gefragt ist, ihnen sexuelle Lust verschafft und nicht zu einer Befruchtung führen kann. Gerade dies habe vor der Zeit der Empfängnisverhütung durch die Pille sehr zur Beliebtheit dieser Technik beigetragen. Ich kann nicht verhehlen, dass ich diese Form des Sexualkontakts noch immer abstoßend finde. Das dürfte auch meiner Mutter klar gewesen sein, als sie dem jungen Mann genau eine derartige sexuelle Vorliebe unterstellte. Sie dürfte meine diesbezüglich ablehnende Haltung auch gekannt haben, denn das Thema Sexualität war zwischen uns schon früher kein Tabu gewesen, wir hatten offen darüber geredet. Analverkehr hatten wir beide nur bei Homosexuellen angenommen und ihnen diesen mit einer gewissen Ablehnung zugestanden. Es war mir von Anfang an klar, meiner Mutter ging es nicht nur um das Verschweigen ihrer ordinären Behauptung in einem öffentlichen Rahmen, besonders in einer Gerichtsverhandlung, bezeichnender Weise glaubten ihre Anwälte mir bezüglich des Wortlauts des Streits mehr als meiner Mutter – ihrer Mandantin. Der ging es besonders um meine Bestrafung. Am liebsten hätte sie mich für lange Zeit im Gefängnis oder wie sie sagte, im Knast, gesehen, weil ich im Testament besser bedacht war, als sie. Ihre Anwälte und mein Vertreter kamen schließlich zu dem Ergebnis, ich solle 30.000 DM Schmerzensgeld zahlen, die Arztkosten, auch die zukünftigen, übernehmen und nichts über ihre ordinäre Behauptung äußern. Im Gegenzug wäre sie mit der Anwendung von Jugendstrafrecht und der Verurteilung zu einer Bewährungsstrafe zufrieden. So hatten ihr das wohl ihre Anwälte nahe gelegt. Das Ganze wurde schriftlich formuliert und auch von mir unterzeichnet. Wie Sie im Termin sehen konnten, haben sich alle daran gehalten. Einer meiner Anwälte hat mir nach dem Termin gestanden, er hätte gelegentlich befürchtet, ich würde doch mit dem tatsächlichen Verlauf des Streitgesprächs herauskommen, denn schließlich kenne er ja mein Temperament. In der vorher getroffenen Vereinbarung war aber ein Passus enthalten, der denjenigen, der sich nicht an die Absprache hielt, zur Zahlung einer erheblichen Summe an die Gegenseite verpflichtete. Das hat wahrscheinlich sogar bei mir gewirkt.

Ich sagte ihnen ja bereits, der junge Mann ist wieder mein Freund, wir haben wieder zueinander gefunden. Wir haben sehr offen über die Trennung geredet. Die Zeit mit meiner Mutter bezeichnete er als Episode. Ihre Behauptungen über Analverkehr bestritt er heftig, mehr als normalen Geschlechtsverkehr habe es nie gegeben. Ich glaube ihm.“

Rainer hatte nur noch staunend zugehört. Er kannte zwar Berichte über Verfahren, bei denen sich die Beteiligten schon vor einem Strafprozess privatrechtlich geeinigt hatten und einer der Beteiligten eine Bestrafung durch ein Urteil in Kauf nahm. Sie aber nicht wesentliche Inhalte des Verfahrens, insbesondere eine Beschränkung der Themen vorher abgesprochen hatten und die Hinnahme der Verurteilung eines der Beteiligten durch ein Strafgericht Teil der Absprache war. Er hatte aber nicht vermutet, er könne als Richter ‚Opfer' eines solchen Vorgangs werden: Eine Gerichtsentscheidung unter seinem Vorsitz könne nicht das Ergebnis einer solchen Manipulation sein. Der Gedanke, das Urteil wäre anders ausgefallen, durchschoss ihn. Er sprach auch die ehemals Angeklagte darauf an:

„Ist Ihnen klar, dass Ihr Verhalten möglicherweise milder beurteilt worden wäre, wenn alles auf den Tisch gekommen wäre, wenn die tatsächlichen Behauptungen ihrer Mutter bekannt gewesen wären? Bei mir drängt sich auf, über eine Wiederaufnahme des Verfahrens nachzudenken. Ich weiß aber offen gestanden nicht wie, denn ich habe nicht den Eindruck, dass Sie Derartiges wollen."

„Um Himmelswillen, nein! Ich war ja mit allem einverstanden, auch mit dem Strafmaß. Ihnen habe ich das alles erzählt, weil ich im Termin spürte, Sie fanden den Ablauf merkwürdig. Und es war merkwürdig. Alle wurden vorgeführt. Ich merkte, sie brachten mir - bei aller Objektivität – mehr Sympathie entgegen, als meiner Mutter. Dafür wollte ich mich bedanken, indem ich Ihnen zu mehr Klarheit verhalf. Ich möchte Ihnen gegenüber ehrlich sein."

„Ist Ihnen klar, dass Ihre Mutter als Zeugin eine falsche Aussage gemacht hat. Das ist strafbar. Wenn gegen die deshalb ein Verfahren eingeleitet würde, wären Sie Zeugin und dann fühlten Sie sich möglicherweise gezwungen, Ihrerseits eine Falschaussage zu machen – und dann? Ich werde darüber nachdenken und versuchen, nichts zu tun, was Ihnen schaden könnte.“ Er hielt lange inne, schließlich sagte er ganz leise: „Sie sind heute so etwas wie eine Tochter von mir geworden.“

Rainer beriet sich lange mit einem Kollegen, einem guten Freund, der ihm dringend riet, gar nichts zu unternehmen. „Wir sind als Richter ständig in der Gefahr vorgeführt, ja missbraucht, zu werden. Hier hat Dich jemand bewundert, wertgeschätzt. Bestrafe sie nicht für ihr Vertrauen.“

Rainer befolgte schweren Herzens diesen Rat und tat nichts:

Einige Monate später erreichte ihn eine Einladung zu einer Feier in einem bedeutenden Hotel in Bad Homburg. Die ehemals Angeklagte lud ihn ein, zusammen mit seiner Ehefrau zu ihrem Hochzeitsfest zu kommen. Sie und ihr Zukünftiger würden sich sehr auf sie beide freuen. Ihre Mutter sei nicht eingeladen. Rainer musste ihr absagen, denn der Termin falle genau in die Zeit seines schon lange geplanten Urlaubs auf einer spanischen Insel. Seine Frau und er würden den beiden alles Gute und eine glückliche Ehe wünschen. Wenn er ehrlich war, war er nicht sehr traurig, ihr absagen zu müssen, absagen zu können. Noch mehr wollte er in das Leben dieser Frau – seiner ehemals Verurteilten – nicht hineingezogen werden.

Psychoanalyse

Rainer traf auf dem Gerichtsflur seinen alten Freund Peter. Sie kannten sich seit dem Studium, waren nach dem zweiten Examen unterschiedliche Wege gegangen. Während Rainer noch einige Zeit an der Uni beschäftigt war, war Peter in die die Anwaltspraxis eines Onkels eingetreten und hatte diese mittlerweile vollständig übernommen, da sich der Onkel aus Altersgründen zurückzog. Peter hatte schon immer den Wunsch Rechtsanwalt zu werden, obwohl ihm aufgrund seiner guten Examensnoten auch eine Laufbahn bei der Justiz offen gestanden hätte. Er lebte gut, nicht nur durch die übernommene Praxis, sondern auch durch den wirtschaftlichen Erfolg seiner Ehefrau, einer Psychologin. Beruflich hatten sich die Wege der beiden Freunde nie getroffen, denn Peter verirrte sich selten in die Niederungen des Amtsgerichts und Strafsachen vertrat er höchst selten. Gerade als sie sich begrüßt hatten, kam ein anderer Amtsrichter vorbei, den Rainer nur vom Sehen kannte, der war zwar immer höflich, sprach aber praktisch nie mit einem Kollegen. Er war schon älter, groß und schmal und hatte dünne weiße Haare. Er blickte immer sehr ernst, umso mehr wunderte es Rainer, als er Peter mit einem kurzen Lächeln begrüßte, ihm zunickte, aber sofort weiterging.

„Kennst du den?“ war prompt Rainers Frage.

„Ja, bei dem hatte ich vor gut einem Jahr eine der wenigen Strafsachen zu verhandeln, die ich je gemacht habe. Ich habe seinerzeit auf dringenden Wunsch meiner Frau eine Kollegin von ihr vertreten.“

„Na, das muss ja sehr eindrucksvoll gewesen sein, wenn der Dich heute noch grüßt, noch dazu so freundlich.“

„Wieso grüßt der sonst nicht?“

„Doch, doch, das tut er, aber immer sehr sachlich und ernst. Ich habe noch nie ein persönliches Wort mit ihm gewechselt."

„An sich erstaunlich, denn er ist ein ungemein umfassend gebildeter Mensch, der sehr viel über die Psyche und deren Wirken weiß."

„Erstaunlich, ich kenne ihn, seit ich hier bin, als großen Schweiger, der nie irgendwo auftaucht, wo es mal was zu bereden gibt. Selbst als ich ihn einmal mittags in der Kantine sah, saß er allein an einem abgelegenen Tisch und nicht bei den Kollegen, die sich regelmäßig an einem großen Tisch zum Essen trafen, bei den ‚Richtern der Tafelrunde' – wie das ein älterer Kollege mal nannte -".

„Das kann mit seinem Schicksal zusammenhängen. Ich habe mich ja schon einige Jahre vor Dir bei der hiesigen Justiz herumgetrieben und habe gerade als ich anfing, von ihm gehört. Er ist ursprünglich Staatsanwalt gewesen und hatte dann einen schweren Schicksalsschlag zu ertragen. Er war lange krank, als er nach ca. zwei Jahren wiederkam, ging er hierher zum Amtsgericht. Er wollte wohl nichts anderes mehr".

„Das klingt interessant, macht mich neugierig. Man weiß hier nur sehr wenig voneinander, es gibt kaum einen anderen Beruf in dem man so sehr zum Sonderling werden kann, wie den des Einzelrichters am Amtsgericht".

„Das stimmt. Man nennt so jemand dann gnädig ‚Original', aber in Wirklichkeit werden diese Menschen komisch. Wir können uns gerne näher darüber unterhalten. Lass uns doch zusammen essen gehen, nur bitte nicht in der Kantine, die kann ich nicht ausstehen. Zwei Straßen weiter ist ein Italiener, da sind nur selten Gerichtstypen, da geh ich ganz gerne hin."

„Als einer der von Dir so bezeichneten Gerichtstypen kann ich dir zu deiner Beruhigung sagen, dass ich das Lokal noch nicht kenne und danke für den Informationszuwachs.“ Sie gingen hin, es bestellte sich jeder, was er essen wollte und Rainer sah seinen Freund erwartungsvoll an. Der meinte dann:

„Ja, der Richter Zirp, das ist eine sehr ausgefallene Geschichte. Der war ja erst Staatsanwalt und da war er sehr gut. Irgendwann hat er sich dann in eine Sache so intensiv hineingekniet, dass er fast nicht mehr nach Haus kam. Böse Zungen behaupteten, er habe in seinem Dienstzimmer auf einem Berg Akten geschlafen.“

„Moment mal, man kann nur bis 18:30 bleiben, spätestens wenn die Putzfrauen gehen, muss man das Haus verlassen. Vielleicht hat er deshalb in seinem Dienstzimmer übernachtet.“

„Das klingt plausibel, trifft aber für die Staatsanwälte nicht zu, wenn die den passenden Schlüssel haben, können sie durch die Tiefgarage verschwinden, wann immer sie wollen – auch nachts.“

„Man lernt nie aus. Jetzt erzähl aber mal von dem Zirp, was war mit dem und was hattest Du mit ihm zu tun?“

„Das mit ihm war einfach hart. Der hat gearbeitet wie ein Pferd, er war nur noch so selten zu Hause, dass seine Frau.....“

„Sagtest Du, Frau, ist der verheiratet, der?“

“Er war verheiratet, damals. Also er war nur selten zu Hause, bis seine Frau dachte, er hätte eine andere. Sie hat ihm dann nachspioniert und gesehen, dass bei ihm, in seinem Dienstzimmer, abends lange Licht brannte. Irgendwann muss Sie ihn dann aufgefordert haben, weniger zu arbeiten und sich mehr um sie zu kümmern. Dem kam der aber nicht nach und dann hat sie sich umgebracht.“

„Das ist hart. Aber woher weißt Du das alles, hat er Dir das erzählt?“

„Der, nie und nimmer, das Ganze verlief viel schlimmer: Sie hat sich samt Abschiedsbrief in seiner Geschäftsstelle aufgehängt. Sie muss sich wohl am späten Nachmittag dort versteckt haben und dachte, er würde da noch mal hinkommen. Der ging aber direkt nach Hause und als er sie nicht antraf, vermutete er sie bei einer Freundin und ging am nächsten Morgen zum Dienst. Da kam er gerade dazu, wie die Polizei die Leiche seiner Frau abtransportierte. Er drehte wohl heftig durch und kam erst mal in die Klinik. Bei den Klatschmäulern im Gericht, war natürlich alles sehr schnell herum, einschließlich des Inhalts des Abschiedsbriefs. Die Frau von der Geschäftsstelle hatte sie samt Brief am nächsten Morgen gefunden, die muss vielleicht einen Schrecken bekommen haben.“

„Na, den hätte ich auch, aber was hat man mit Zirp gemacht?“

„Der war insgesamt mehr als zwei Jahre krank, in diversen Kliniken und zur Kur und, wie ich Dir schon sagte, nachher ist er zum Amtsgericht: Warenhausdiebe und Trunkenheitsfahrer, mehr wollte er wohl nicht mehr machen.“

„Und woher kennst Du ihn?“

„Das ist eine Story für sich. Du weißt ja, meine Frau ist Psychologin mit eigener Praxis. Was die da so tut, finde ich ganz in Ordnung. Ich habe viel von ihr gelernt. Sie kann einem Motive und Zusammenhänge erklären, die hätte ich mir als Jurist nicht träumen lassen. Eigentlich ist nichts wirklich zufällig, was man so tut, immer ist die Psyche im Hintergrund dabei.“

„Ja, aber was hat das mit Zirp zu tun, habt ihr über den Tod seiner Frau gesprochen?"

„Das bestimmt auch, aber es hat auch nichts mit meinem persönlichen Kontakt mit Zirp zu tun. Der kam völlig anders zustande – rein dienstlich."

„Ok, aber mich grüßt er längst nicht so freundlich wie Dich, obwohl wir in der gleichen Abteilung sind."

„Bei mir kam das auch erst nachher, Rainer Aber ich erzähl Dir das besser von Anfang an – allerdings nach dem Essen, denn das kommt gerade."

Rainer und sein Freund ließen es sich schmecken und sprachen dabei fast gar nicht. Als sie fertig waren bestellte Peter für beide einen Espresso und fing an zu erzählen:

„Eines Tages bat mich meine Frau eine Freundin und Kollegin zu beraten, die hätte einen Strafbefehl wegen Unfallflucht bekommen und sei ganz verzweifelt. Die Verzweiflung verstand ich nicht ganz. Ich kannte die Betreffende von einigen Gesprächen, wenn sie bei uns zu Besuch war. Sie war ausgebildete Psychoanalytikerin und hatte gut zu tun. Ich konnte mir keinen Strafbefehl denken, der sie wirtschaftlich hätte ruinieren können – wenn sie es denn war. Und das war das Problem, sie konnte oder wollte nicht sagen, ob der Vorwurf richtig war. Manchmal hatte ich den Eindruck, sie weiß es nicht genau oder sie will das nicht zugeben. Eigentlich hatte ich keine Lust, so etwas zu machen und wollte sie zu einem Kollegen schicken mit der Begründung, der verstehe mehr von den Verkehrssachen. Sie bestand aber auf meiner Hilfe und meine Frau bekniete mich richtig, also nahm ich den Auftrag an, ließ mir die Akte schicken und versuchte ihr klar zu machen, dass sie keine Chance hätte, davon zu kommen. Sie sei eindeutig gesehen und erkannt worden. Das

Beste wäre, sie würde ganz schnell zahlen und den Ärger vergessen.“

„Das dürfte für Dich doch nicht allzu schwer gewesen sein, schließlich war es ja keine Juristin“, scherzte Rainer ein wenig.

„So siehst Du aus. Die ist bald ausgeflippt: ‚Ich kann das nicht zugeben, lieber spring ich in den Main!‘, hat sie gedroht. Du wirst mir sicher glauben, ich bekam Zweifel an ihrer Zurechnungsfähigkeit. Aber was blieb mir übrig: Einspruch, Termin zur Hauptverhandlung. Und der Termin war bei Zirp. Wir kannten uns bis dahin nicht, aber den Verlauf der Hauptverhandlung vergesse ich nie. Der hatte alle in Betracht kommenden Zeugen geladen und vernommen und das waren vier oder fünf. Nach deren Aussagen stand die Schuld meiner Mandantin sonnenklar fest: Sie hatte auf dem Parkplatz eines Supermarkts, wo sie kurz zuvor eingekauft hatte, beim Ausparken ein anderes Fahrzeug angefahren und zwar nicht zu knapp. Es gab auch keinen vernünftigen Zweifel, dass sie den Anstoß bemerkt hatte, aber sie fuhr davon. Ein anderer Kunde sprang noch fast vor ihr Auto und winkte, dennoch fuhr sie weiter. Es konnte auch nicht irgendein anderer gefahren sein. Der Filialleiter des Supermarkts hatte ihr geholfen, ihren Einkauf zum Auto zu bringen und in den Kofferraum zu laden. Er hatte gesehen, wie sie einstieg und anfuhr.“

„Was hat denn der Zirp dazu gesagt?“

„Ich glaube, der ahnte etwas. Nachdem er auf mehrere Anfragen zum Tatgeschehen und zu den Zeugenaussagen von ihr keine Antwort bekommen hatte, sah er mich fragend an. Was sollte ich tun, ich durfte nichts zugeben, auch wenn die Sache sonnenklar war, das wäre schließlich Parteiverrat gewesen, also sah ich verlegen in die Akten und sagte ebenfalls nichts. Zirp fragte meine Mandantin dann plötzlich, wie lange sie den Führerschein hätte. Sie druckste herum und kam dann damit heraus, sie hätte ihn erst vor wenigen Jahren gemacht. Zirp wollte dann wissen: ‚Warum erst so spät?' – ‚Mein Vater wollte es nicht.' Das kam ziemlich leise und verzögert. Zirp fing nun an, in den Akten zu blättern, dann wandte er sich wieder an die Angeklagte: „Sie wollen den Unfall nicht zugeben, zumindest hier nicht. Es gibt eine Möglichkeit der strafrechtlichen Regelung, die wir eigentlich nur bei geständigen Angeklagten anwenden, die Verwarnung mit Strafvorbehalt, sozusagen eine Geldstrafe ausgesetzt zur Bewährung. Sie zahlen als Auflage eine Geldbuße an eine gemeinnützige Institution, bauen zwei Jahre keinen Unfall und die Sache ist erledigt. Vielleicht ist so allen Beteiligten und der Gerechtigkeit gedient.' Ganz ehrlich, an so etwas hätte ich nie gedacht. Meine Mandantin nickte langsam. Zirp erhielt die Zustimmung des Amtsanwalts und verkündete eine entsprechende Entscheidung. Bei allem war er sehr ruhig, dann sprach er sie sehr freundlich an:

‚Sagen Sie, Ihr Herr Vater lebt nicht mehr?' Sie schüttelte mit ungläubigem Staunen den Kopf und er fuhr fort zu fragen: ‚Sie sind Psychoanalytikerin?' Und als sie nickte: ‚Dann sollten Sie das alles, insbesondere Ihre Sicht der Dinge und ihr Verhalten einmal mit Ihrem Kontrollanalytiker besprechen.'

Die Angeklagte riss die Augen auf und sah Zirp ratlos an. Der lächelte nur ganz sanft und dann meinte er: ‚Da fällt mir gerade der Schluss eines Gedichts von Christian Morgenstern ein:

Und er kommt zu dem Ergebnis,
nur ein Traum war sein Erlebnis,
weil, so schließt er messerscharf,

nicht sein kann, was nicht sein darf'.

Er schwieg und schaute in seine nächsten Akten. Ich raffte meine Sachen zusammen, fasste die Mandantin an der Hand und zog sie aus dem Saal. Vor der Tür war sie immer noch nicht wieder auf dem Boden der Realität. Sie schaute mich versonnen an:

‚Der war wie mein Vater, aber richtig lieb.'

Ich wusste nicht, wie ich damit umgehen sollte und war froh, zu einem anderen Termin zu müssen. Das Gedicht von Morgenstern kannte ich übrigens, ich habe Einiges von ihm gelesen. Ein paar Wochen nach dem Termin kam die Mandantin in mein Büro und fragte nach meiner Rechnung. Ich verwies auf meine Frau und ihre freundschaftliche Beziehung, sodass sie einsah, dass ich kein Honorar wollte. Sie druckste dann ein wenig herum, bis sie wissen wollte, ob ich denn öfter mit Zirp zu tun hätte. Als ich das verneinte, wollte sie wissen, ob ich noch mal mit dem reden könnte. Ich runzelte die Stirn:

‚Wozu, ich denke, Sie haben alles bezahlt?'

‚Es geht nicht ums Geld, vielleicht können Sie ihm etwas ausrichten.' Dazu hatte ich offen gestanden keine Lust:

‚Warum machen Sie das nicht selbst?'

‚Ich kann das nicht,' kam es langsam und leise.

‚Was soll ich ihm denn sagen?' fragte ich nun

‚Na ja, dass er recht hatte, mit dem Vater, der Kontrollanalyse und dem was sein darf.'

Ich muss ganz schön dumm geschaut haben."

„Ja, und dann?"

„Dann bin ich irgendwann zu Zirp gegangen und habe ihm das ausgerichtet. Der lächelte nur. Wir haben uns eine Weile unterhalten. Der weiß unglaublich viel über die menschliche

Seele, unser Tun und Fühlen. Seit dem grüßt er mich so freundlich."

Rainer schwieg und staunte. Erst nach einigen Minuten ergriff er das Wort:
„Das hätte ich dem Zirp nie zugetraut. Der ist wohl der weiseste Richter, den ich kenne."

Lebenswirklichkeit

Rainer traf auf dem Gerichtsflur eine Mitarbeiterin der Jugendgerichtshilfe, Frau H., mit der er oft zu tun hatte. Vertreter dieser Einrichtung waren regelmäßig Teilnehmer an den Sitzungen des Jugendgerichts und Rainer schätzte ihre Stellungnahmen sehr, denn – so wusste er – sie hatten weit differenzierte Kenntnisse von den Jugendlichen, die angeklagt waren, als er das den Akten entnehmen oder in der Verhandlung erfahren konnte. Oft hatten diese Prozessteilnehmer vor dem Termin Gespräche mit den betreffenden Jugendlichen geführt, - sofern diese dazu erschienen waren. Sie waren als Sozialarbeiter ausgebildet und brachten ihre Erkenntnisse meist sehr offen in die Hauptverhandlung ein. Gelegentlich wurde stellvertretend ein Bericht von einem Kollegen verlesen, da der eigentlich Zuständige aus Termingründen verhindert war. Rainer schätzte jedoch diesbezüglich die Originalität der Berichtenden und versuchte Kollisionen schon dadurch zu vermeiden, dass er bei der Vorbereitung seiner Termine möglichst viele des gleichen Jugendgerichtshelfers auf den gleichen Tag bestimmte. Das wurde von den Betreffenden dankbar aufgenommen, was auch auf Frau H. zutraf. Sie sprach auch gleich den für die kommende Woche vorgesehenen Termin an, der für sie offenbar von besonderer Bedeutung war:

„Na, das können wir ja dann in der Hauptverhandlung ausgiebig erörtern“, meinte Rainer.

„Nein, so manches gehört da nicht hin und hat auch mit der angeklagten Tat nichts oder wahrscheinlich kaum etwas zu tun“, wurde prompt erwidert. Nun war Rainer neugierig geworden und sah sie fragend an.

„Ich kenne ihre Mutter“, sprach Frau H. weiter, „die ist Professorin in der Fachhochschule und ich habe seinerzeit während meines Studiums mehrere Seminare bei ihr besucht. Sie ist von Hause aus Soziologin, hatte eine sehr einleuchtende klare Sprache, insbesondere hat sie sich mit großer Offenheit kritisch über die Dominanz der Männer in unserer Gesellschaft ausgelassen“.

„Das klingt interessant, fragt sich nur, mit was für einem Vater dann unsere Angeklagte aufgewachsen ist und ob das mit dem Tatvorwurf etwas zu tun hat“.

„Die junge Frau hat keinen Vater, bzw. sie kennt ihn nicht. D.h., sie hat von ihrer Mutter erst kürzlich gesagt bekommen, wer das sein könnte. Das tat die aber nur, um eine Klage ihrer Tochter zu verhindern, denn die wird – wie Sie wohl wissen – demnächst volljährig und hat wohl mit so einer Klage gedroht“.

„Jetzt sind wir aber doch ziemlich nahe an der Angeklagten, vielleicht sollten wir das doch besser im Termin erörtern“.

„Dazu wird sie kaum etwas sagen, sie weiß nicht, wer tatsächlich ihr Vater ist. Ihre Mutter hat ihr nämlich zwei Männer genannt, die als Erzeuger in Frage kämen. Als seinerzeit die Schwangerschaft bei ihr entstanden sei, habe sie mit mehreren Männern, darunter den beiden genannten, in einer WG gelebt und sei mit Intimkontakten recht freizügig umgegangen, auch mit den beiden Männern. Als sie dann ihres Zustands sicher war, hätte sie die beiden Mitbewohner nach Terminüberlegungen als potentielle Erzeuger identifizieren können, von dieser Erkenntnis aber keinen Gebrauch gemacht, sondern sei kommentarlos aus der WG ausgezogen. Sie habe ihr Kind allein großgezogen und sich erfolgreich um ihre eigene berufliche Entwicklung gekümmert“.

„Ich bin gespannt, wie viel von diesem Hintergrund in der Hauptverhandlung eine Rolle spielen könnte“.

„Ich glaube kaum daran, worin sollte der Zusammenhang mit dem Ladendiebstahl bestehen, der ihr hier vorgeworfen wird?“

„Dazu habe ich keine Idee, aber vielleicht sagt sie Ihnen etwas dazu. Sie können sie ja danach fragen. Sie war ja schon mal im Zusammenhang mit einem Haschischhandel angeklagt. Das war bei Ihrer Kollegin Y. Da fällt mir auf, dass sie bei ihrem Besuch bei mir eine gewisse Erleichterung erkennen ließ, dass diesmal ein männlicher Richter zuständig sei. Das hat mich gewundert, ich habe bisher noch keinen Fall erlebt, bei dem das Geschlecht des Jugendrichters für wichtig gehalten wurde“.

„Vielleicht hat es noch nie jemand gesagt, ich käme dabei auf die Idee, dass es in Fällen sexuellen Missbrauchs eine Rolle spielen könnte, aber nicht bei einem Diebstahl“.

„Und der ist merkwürdig genug. Soweit ich mich erinnere wird ihr ein schlichter Ladendiebstahl vorgeworfen, sie soll ein sehr teures Parfüm mitgenommen haben, aber einen derartigen Stoff habe ich nicht bei ihr bemerkt, das würde auch nicht zu ihr passen, vielleicht war es aber ein Stück Beschaffungskriminalität. Mit dem damaligen Haupttäter in dem Drogenfall hat sie noch immer gelegentlich Kontakt – sagte sie“.

„Derartiges sollten wir aber erst und nur in der Hauptverhandlung erörtern“.

„Da haben Sie Recht, aber ich kann nicht verhehlen, dass mich ihr Schicksal außergewöhnlich angesprochen hat, insbesondere seit ich ihr Problem mit der väterlichen Abstammung kenne. Sie hat es gewiss nicht leicht gehabt. Ohne Vater mit einer offenbar erfolgreichen, selbstbewussten Mutter aufzuwachsen und dann erst jetzt nur zu erfahren, wer als ihr Erzeuger in Frage kommt, nicht wer es ist. Was sie über die beiden Herren weiß, hat sie mir nicht gesagt. Auch nicht, ob und was sie tun will, um sich mehr Klarheit zu verschaffen".

„Nun denn, das wird auch nicht Sache der Verhandlung sein – hoffe ich. Aber ich sehe erneut, wir wissen verdammt wenig über die Menschen, die vor uns stehen und über deren Zukunft wir entscheiden", meinte Rainer in fast resignativem Ton.

„Darum beneide ich Sie gewiss nicht, ich erfahre viel über das Schicksal anderer, besonders junger Menschen und merke immer wieder, welch geringe Rolle ich dabei spiele – spielen kann", war Frau H.s Ergebnis.

In der darauf folgenden Woche war die Hauptverhandlung. Die Angeklagte erschien mit einer Verteidigerin und ihrer Mutter, die als nahe Angehörige der Angeklagten anwesend sein durfte, obwohl die Verhandlungen vor dem Jugendgericht normalerweise nicht öffentlich sind.

Die Anwesenheit der Angeklagten wurde festgestellt, sie wurde belehrt und auf ihr Recht zur Aussageverweigerung hingewiesen. Als Zeuge war ein Kaufhausdetektiv geladen. Auch er wurde belehrt und dann hinaus gebeten. Die Anklage wurde verlesen. Der Vorwurf lautete auf Diebstahl einer Flasche Parfüm im Wert von mehr als 170 €. Die Angeklagte gab die Tat unumwunden zu, sodass Rainer als Vorsitzender anregte, den Zeugen ungehört zu entlassen. Die Verteidigerin bestand aber auf dessen Vernehmung, denn die Angeklagte wisse bis heute nicht, wie ihre Tat bemerkt wurde.

Der Zeuge wurde hereingerufen und nahm auf dem dafür vorgesehenen Stuhl Platz.

Er schilderte den von ihm beobachteten Tatablauf, wobei er zu verstehen gab, es sei fast Zufall gewesen, dass er zu dem Ergebnis ‚Diebstahl' kam, denn der sehr einfach gekleideten Angeklagten hätte er den Diebstahl eines derartigen Parfüms nicht zugetraut, schließlich habe sie eine Packung mit einer kleinen Flasche eines sehr teuren Parfüms entwendet, eines Stoffs, den sie mit Sicherheit nicht für sich haben wollte. Sie habe ihn auch erst an sich genommen, als das eigentliche Verkaufsgespräch, das sie mit einer Verkäuferin geführt habe, bereits beendet war und die übrigen, zahlreichen Flaschen bereits weggeräumt wurden. Sie habe dann die besagte Packung in die Hand genommen und an einem völlig anderen Tisch drei Stück verpackte Seife ergriffen. Mit allen Gegenständen sei sie zu Kasse gegangen, dort aber nur die Seife vorgelegt und bezahlt. Die Schachtel mit der teuren Parfümflasche, die etwa so groß wie die Seifenpackungen war, habe sie in einer Tasche ihrer Jacke verschwinden lassen. Er habe sie dann angehalten und mit seiner Beobachtung konfrontiert. Sie war offenbar erschrocken, stritt die Tat aber nicht ab. Auf Befragen schilderte er seine Beobachtung, wie sie die Flasche in die Jackentasche steckte. Das sei ‚so nebenbei' geschehen, ausgesprochen gekonnt – fast routiniert.

Die Angeklagte schaute dem Zeugen gebannt zu, weder sie noch ihre Verteidigerin hatte Fragen, ebenso die Vertreterin der Staatsanwaltschaft. Der Zeuge konnte entlassen werden.

Rainer fragte die Angeklagte nun, was sie mit dem Parfüm vorgehabt hätte, ob sie dieses Produkt selbst verwenden oder es gegebenenfalls im Schwarzhandel verkaufen wollte, schließlich habe sie ja früher einmal mit Drogenhandel zu tun gehabt. Die Angeklagte schüttelte heftig mit dem Kopf und wand sich ein wenig. Es fiel auf, dass sie immer wieder nach hinten zu ihrer Mutter schaute. Schließlich kam es sehr leise heraus: „Sie sollte es bekommen.“ Damit meinte sie offenbar ihre Mutter. Die war sehr erstaunt und schüttelte den Kopf. Nun brach es richtiggehend aus der Angeklagten heraus: „Ich wollte es ihr schenken, weil sie mich allein groß gezogen hat und selbst gar nicht weiß, wer mein Vater ist!“ Nun fing die Angeklagte an, heftig zu weinen. Ihre Verteidigerin bat um Unterbrechung, was ihr gewährt wurde. Sie ging mit der Angeklagten hinaus. Nach etwa 5 Minuten kamen beide zurück. Es wurde beantragt, die Mutter der Angeklagten als anwesende Zeugin zu der Tatmotivation zu hören. Rainer sah die Staatsanwältin an, die nach kurzem Zögern mit der Bemerkung: „Wir sind ja im Jugendverfahren“, zustimmte.

Die Mutter wurde in den Zeugenstand gebeten, wurde belehrt und war zur Aussage bereit: „Es stimmt, was sie sagt, ich weiß nicht, wer ihr Vater ist. Ich hatte seinerzeit mit verschiedenen Männern intimen Kontakt. Als Erzeuger kamen zwei meiner Mitbewohner aus unserer Wohngemeinschaft in Frage, ich wollte aber nicht darauf eingehen und habe keinem von beiden von meiner Schwangerschaft erzählt, sondern bin kurz danach aus der gemeinsamen Wohnung ausgezogen. Ich hatte nachher keinen Kontakt mehr mit den beiden Herren und habe immer wieder geschaut, ob meine Tochter Ähnlichkeiten mit einem von ihnen hatte – allerdings ohne Erfolg. Ihr selbst, die immer wieder nach ihrem Vater gefragt hat, habe ich erst vor wenigen Wochen von dem Umstand ihrer Zeugung berichtet, weil sie darauf hingewiesen hat, sie habe einen Rechtsanspruch zu erfahren, wer ihr Vater ist. Ich habe ihr die Namen der beiden in Frage kommenden Herren genannt und die Umstände zu erläutern versucht, unter denen die Schwangerschaft seinerzeit zustande kam. Ich habe auch versucht, ihr klar zu machen, warum ich der Frage nicht weiter nachgegangen bin. Sie sei meine Tochter, ich sei für sie verantwortlich und ich habe sie nach bestem Wissen und Können erzogen und stets gut versorgt. Es habe ihr an nichts gefehlt, ich habe sie auch sehr früh aufgeklärt – insbesondere über Empfängnisverhütung."

Auf Befragen: „Ich habe seinerzeit in einer Wohngemeinschaft gelebt. Wir haben damals die sogenannte ‚sexuelle Treue' für ein verachtenswertes bürgerliches Relikt gehalten. Beim Schwangerschaftsrisiko habe ich mich schlicht verrechnet. Eine Heirat lehnte ich ab, ich hätte auch mit keinem der beiden Herren leben wollen. Ich habe allerdings ihren weiteren Werdegang verfolgt. Beide haben studiert und üben mittlerweile ausgesprochen bürgerliche Berufe aus: Der eine ist Mitarbeiter in einem großen Verlag, der andere Lehrer in Nordhessen. Das alles habe ich meiner Tochter erzählt, ich hatte den Eindruck, sie hat mich verstanden und war mir für meine Offenheit dankbar. Soweit ich weiß, hat sie keinen Versuch unternommen, Kontakt mit einem der beiden Herren aufzunehmen."

Rainer befragte sie nun: „Wie, glauben Sie, ist Ihre Tochter auf das Parfüm gekommen? Benutzen Sie es üblicherweise?"

Antwort: „Ich habe das früher gebraucht, die Flasche habe ich noch, sie ist fast leer. Sie steht seit Jahren in meinem Badezimmerschrank. Mit meiner Tochter habe ich nie über Duftstoffe gesprochen".

Die Zeugin wurde entlassen. Sie ging nach hinten, als sie bei der Jugendgerichtshelferin vorbeikam, nickte sie ihr zu: „Wir kennen uns, Sie waren doch Studentin bei mir in der Fachhochschule, schön, dass Sie so einen Job haben".

„Ja, und sie waren die Professorin, zu deren Veranstaltungen ich mit am liebsten ging", war die freundliche Antwort.

Frau H. kam noch dienstlich zu Wort, sie habe nach dem Gespräch mit der Angeklagten den Eindruck, diese würde sich positiv entwickeln, mit ihrem früheren Mittäter habe sie zwar noch gelegentlich Kontakt; die freundschaftliche Beziehung sei aber beendet.

Die Stimmung aller Beteiligten war gerührt. Die Angeklagte versicherte, sie würde Derartiges nie wieder tun und alle Schritte bezüglich einer eventuellen Feststellung der Vaterschaft mit ihrer Mutter besprechen.

Sie wurde entsprechend dem Antrag der Staatsanwältin zu einer ‚Verwarnung mit Strafvorbehalt' verurteilt und erhielt die Auflage 200 Arbeitsstunden in einer sozialen Einrichtung zu leisten. Das Urteil wurde rechtskräftig.

Wahrheit

Eines Morgens lag Rainer eine ältere Akte mit einer Entscheidung von ihm vor. Sie war ihm nach einem Berufungsverfahren von der dafür zuständigen Strafkammer des Landgerichts zur Kenntnisname vorgelegt worden. Gelegentlich wurden Rainers Entscheidungen mit Rechtsmitteln angegriffen – das war durchaus normal. Es kam auch vor, dass die Berufungsinstanz zu einer abweichenden Meinung gekommen war. Meist ging es dabei um die Strafdauer oder die des Führerscheinentzugs. Hier aber war das Urteil gänzlich aufgehoben worden, der bei Rainer Angeklagte wurde freigesprochen. Rainer war sehr erstaunt, denn er konnte sich an den Fall noch gut erinnern. Der Angeklagte war einer gefährlichen Körperverletzung beschuldigt worden Er sollte dem geschädigten Zeugen mit einem speziellen Dolch – einem sogenannten ‚Stoßdolch' – über das Gesicht gefahren sein und ihn dabei verletzt haben. Rainer hatte damals kurze Zeit überlegt, ob er nicht befangen sei, da er den verwendeten Stoßdolch für eine besonders gemeine Waffe hielt. Ein Stoßdolch war ein recht ausgefallenes Gerät, das mit der Ursprungsform eines Messers wenig Ähnlichkeit hatte. Sein stielförmiger Griff ist völlig anders als sonst, er liegt wie der eines Korkenziehers quer in der Hand des Täters. Aus seiner Mitte ragt ein dünner Stil, der zwischen Ring- und dem Mittelfinger der geballten Faust des Täters nach außen reicht und an dessen freiem Ende die eigentliche, zweiseitig geschliffene, Klinge des Dolchs herausragt. Ein derartiges Gerät ist nach Rainers Einschätzung nur zu einer Angriffshandlung mit Verletzungsabsicht geeignet. Er stufte sich aber trotz dieser Kenntnisse nicht als dem Angeklagten gegenüber befangen ein, nur weil dieser ein derart spezialisiertes Werkzeug verwendet hatte. Die Besonderheiten des ‚Stoßdolchs' waren in der Hauptverhandlung kurz angesprochen, aber nicht weiter erörtert worden.

Aus der Begründung des Berufungsurteils konnte Rainer entnehmen, Täter sei nicht der Angeklagte gewesen, sondern ein Anderer, der als völlig neuer Zeuge erstmals aufgetreten sei und seine Täterschaft glaubhaft bekundet habe.

Rainer konnte sich noch gut an die seinerzeitige Hauptverhandlung erinnern. Der Angeklagte hatte permanent geschwiegen. Auch sein Verteidiger sagte nichts zum Tatvorwurf. Von einer weiteren Person, insbesondere von dem nunmehr aufgetauchten Zeugen – wohl dem tatsächlichen Täter – war nie die Rede gewesen. Der Verteidiger machte keine diesbezüglichen Andeutungen, auch in der Akte befand sich keinerlei Hinweis auf weitere Personen. Damals waren in der Hauptverhandlung außer dem Geschädigten noch zwei Zeugen anwesend, die den Angeklagten zu erkennen glaubten, jedoch das eigentliche Tatgeschehen nicht beobachtet hatten. Das beschrieb nur das Opfer, bei dem man eine schräg über das Gesicht verlaufende Narbe sehen konnte. Er schilderte den Tatverlauf und machte keinen Hehl aus seiner Überzeugung in dem Angeklagten den tatsächlichen Täter zu erkennen:

„Der war das, das Gesicht vergesse ich nie!" So seine Rede.

Rainer hatte nicht den geringsten Anlass an der Richtigkeit dieser Zeugenaussage zu zweifeln.

Der Angeklagte wurde antragsgemäß zu einer Freiheitsstrafe ohne Bewährung verurteilt.

Rainer war sehr erstaunt über den neueren Verlauf des Verfahrens und insbesondere über das Verhalten des Angeklagten und seines Verteidigers, denn beide hätten wohl von der tatsächlichen Täterschaft des neuen Zeugen schon vor dem erstinstanzlichen Termin gewusst. Sie gingen offenbar das Risiko ein, von dieser Kenntnis erst in der Berufungshauptverhandlung Gebrauch machen zu wollen. Und das Risiko war groß: Wenn die Kammer den Aussagen der bisherigen Zeugen – darunter des Geschädigten – geglaubt hätte und nicht dem neuen Zeugen und die Berufung verworfen hätte, wäre das erstinstanzliche Urteil rechtskräftig geworden und der Angeklagte hätte die Freiheitstrafe verbüßen müssen.

Was bei Rainer noch blieb, war der Eindruck von der damaligen Zeugenaussage des Geschädigten. Keine Sekunde lang hatte er Zweifel an der Richtigkeit der Aussage gehabt, dieser Zeuge – so Rainers Überzeugung - hatte nicht absichtlich die Unwahrheit gesagt. Aus anderer Sicht hatte er gelogen, aber er schien absolut ehrlich gewesen zu sein.

Jahre später – Rainer war längst außer Dienst – las er ein Buch des von ihm sehr geachteten amerikanischen Neurologen Oliver Sacks. Von dessen zahlreichen Büchern hatte Rainer schon einige gesehen und war immer wieder erfreut, zu erfahren wie dieser Arzt abweichendes menschliches Verhalten beschrieb und mit genauen Diagnosen bewertete. In dem Buch ‚Der Strom des Bewusstseins‘ schilderte er nun eine wichtige Erfahrung mit seinem eigenen Gedächtnis. Er wohnte als Kind zunächst in England und hatte in London Bombardierungen durch die deutsche Luftwaffe erlebt. Zwei Ereignisse schilderte er mit Einzelheiten über die Beteiligten bzw. deren Verhalten in seinem Buch ‚Onkel Wolfram‘. Einige Monate nach dessen Erscheinen wurde er von seinem Bruder Michael, der das Buch gelesen hatte, belehrt, er könne den zweiten Bombenabwurf gar nicht erlebt haben, denn er sei zur Zeit dieses Abwurfs mit ihm in einem gemeinsam besuchten Internat außerhalb Londons gewesen. Die genaue Schilderung des Ereignisses befinde sich hingegen in einem seinerzeitigen, sehr anschaulichen und dramatischen Brief, des gemeinsamen, älteren Bruders David, von dessen Schilderung sei Oliver damals begeistert gewesen. Oliver Sacks versuchte nun – wie er in seinem neueren Buch schrieb - seine beiden Erinnerungen miteinander zu vergleichen. Bei dem ersten Ereignis konnte er sich wieder in sich als den kleinen Jungen und seine Todesangst hineinversetzen. Das zweite Bild erschien ihm genauso klar, sehr lebhaft, detailliert und konkret, es liefere aber auch Hinweise darauf, dass er sich die Erfahrungen eines anderen Menschen angeeignet und dessen Beschreibung in eine eigene Vorstellung übernommen hätte. Obwohl er nun besser wusste, dass seine Erinnerung nicht echt war, erlebte er sie immer noch ebenso intensiv, wie seine eigene. War sie, so fragte er sich, so echt und so persönlich in seine Seele - und vermutlich in sein Nervensystem (Gehirn) - eingebettet, als wäre sie eine echte primäre Erinnerung, eine, die er vor Gericht beschworen hätte. Bei Rainer lies das nun den Schluss zu, dass sich, wenn die äußeren Umstände - etwa der Ort des Geschehens - bekannt sind, das Bild dieses Geschehens oder dessen Ablauf derart genau im Gehirn oder Gedächtnis eingräbt, dass es für eigene Erkenntnis gehalten werden kann. Wobei der Betreffende gar nicht mehr merkt, dass er sich täuscht. Wenn er also ein Geschehen als eigenes Erleben zu erinnern glaubt und es als solches schildert, dann sagt er zwar objektiv die Unwahrheit, aber lügt er dann? Der Geschädigte hatte offenbar die Unwahrheit gesagt, er war seinerzeit vereidigt worden. Rainer war in gewisser Weise froh, nicht zu wissen, ob später eine Anklage gegen diesen Zeugen erhoben oder gar Verurteilung wegen Meineids erfolgt war. Er war auch froh, nicht mehr im Dienst zu sein und mit ähnlichen Problemen konfrontiert zu werden.

Außerdem von Werner Sack beim Rediroma-Verlag erschienen:

Lichtschreiben, ISBN 978-3-86870-773-1

Der Autor – ein ehemaliger Richter für Straf- und Jugendrecht – macht hier entlang der Freude eines jungen Mannes am Fotografieren und Entwickeln von Bilder mit dem erschreckend weit verbreiteten Phänomen des sexuellen Missbrauchs von Kindern und jungen Mädchen bekannt. Die männliche Hauptperson wird nicht nur mit seinen eigenen sexuellen Wünschen beschrieben, auch was bei seinen Partnerinnen vorgeht und was mit ihnen geschehen ist, wird für ihn erkennbar, ebenso wie die Betroffenen mit dem umgehen, was ihnen angetan wurde.

Familiengeheimnisse, ISBN 978-3-86870-784-7

Der Autor – ein ehemaliger Richter für Straf- und Jugendrecht – zeigt am Beispiel der Lebensschicksale junger Menschen, wie sehr interne oder fremde Interessen die Wahrheit über Herkunft und Familiengeschichten verfälschen, verschweigen, sogar verbieten können. Er deckt Fälle geradezu unglaublichen sexuellen Missbrauchs ebenso auf wie historische, beziehungsweise politische Hintergründe, die sich teilweise über mehrere Generationen erstrecken. Er stützt sich dabei auf Kenntnisse aus seiner beruflichen Praxis und auf differenziertes Wissen über innerseelische Entwicklungen.

Enge und Befreiung, ISBN 978-3-86870-798-4

Der Autor hat als ehemaliger Jugendrichter und Diplompädagoge viel über das Leiden und die Nöte erfahren, die Kinder und Jugendliche oft erdulden müssen. Das sind sowohl sexueller Missbrauch als auch der – selten bestrafte – Erziehungsdruck bis hin zum Erziehungsterror, dem viele Kinder und Jugendliche von klein auf ausgeliefert sind und den man als emotionalen Missbrauch bezeichnen kann. Die hier beschriebenen Hauptpersonen sind der Zuständigkeit des Jugendgerichts längst entwachsen, jedoch wird gerade daran deutlich welche Auswirkungen solch eine leidvolle Erfahrung ein Leben lang haben kann – zum Glück aber nicht immer haben muss.

Fehlurteil, ISBN 978-3-86870-790-8

Der Autor war Richter für Straf- und Jugendrecht, er ist Pädagoge und Supervisor. Er schöpft aus seiner eigenen Erfahrung bei der Urteilsfindung, ebenso aus den Berichten von Kollegen, die sich ihm im Rahmen von Einzelsupervisionen anvertraut haben. Ferner stützt er sich auf differenzierte Kenntnisse des Justizapparats und des Strafvollzugs. Er hat bewusst kein Sachbuch sondern einen Roman geschrieben, um das Erleben aller Betroffenen – ob in Haft oder draußen – ihre geistige und seelische Entwicklung auch für den normalen Leser möglichst nacherlebbar zu beschreiben. Fast nebenbei spricht er eine häufig unbeachtete Folge eines frühen sexuellen Missbrauchs an, den er aus Jugendschutzverfahren kennt und der für die Betroffenen oft eine lebenslange Belastung darstellt, weil die ursächlichen Ereignisse verdrängt wurden.

Nie wieder mit meiner Tochter,

ISBN 978-3-86870-823-3

Der Kern der Erzählung beruht auf einer kontroversen Gefühlsverkettung zwischen einer Mutter und ihrer Tochter. Der Autor wurde mit diesem Phänomen durch ein Verfahren als Jugendrichter konfrontiert. Er ist auch Pädagoge und Supervisor. Er hat die Hintergründe darzustellen versucht, samt der Verkennung von wahrer und missverstandener Liebe. Die erwähnten Taten reichen über Körperverletzung und sexuellem Missbrauch bis zum nicht strafbaren Verfluchen eines Menschen – aber es gibt auch ein recht normales Leben von sonstigen Personen und ein Ende der Erzählung mit einer für Romane nicht untypischen Auflösung.

Lieben, leben, eben, ISBN 978-3-86870-844-8
Der Autor erzählt fünf recht unterschiedliche Geschichten, die aber eines gemeinsam haben: Lieben im Leben. So ist es eben.

Wiederaufnahme, ISBN 978-3-86870-844-8
Der Autor war Jugendrichter, er ist Pädagoge und Supervisor, er beschreibt einen in der Justiz eher seltenen Vorgang: Die Überprüfung eines bereits rechtskräftigen Strafurteils. Dabei geht es ihm weniger um die juristische Seite des Geschehens als um das Handeln und Empfinden der damit befassten Personen – besonders derer, die nicht der Justiz angehören. Was die Betroffenen auf dem Weg zur neuen Entscheidung erleben, erkennen und fühlen, ist ihm wichtig. All das müssen auch die Leser nachempfinden können. Nur wer achtsam miterlebt, kann wirklich begreifen. So etwas geht nur beim Lesen eines Romans, nicht bei einem Sachbuch.

Kindheit prägt, ISBN 978-3-96103-254-9
In diesem Roman verknüpft der Autor Erkenntnisse aus Jugendstrafverfahren und aus Berichten der Jugendgerichtshilfe mit seinem Wissen als Sozialpädagoge. Er beschreibt wirtschaftliche Zusammenhänge und schichtenspezifische Hintergründe, wie sie in dieser unserer Gesellschaft vorkommen – auch wenn sie gern übersehen oder geleugnet werden. Wie in vielen seiner anderen Bücher spielen auch hier emotionaler und sexueller Missbrauch und dessen teils lange Wirkung eine bedeutende Rolle.

Spätsommer, ISBN 978-3-96103-499-4

In diesem Roman verknüpft der Autor Erkenntnisse und Beobachtungen aus seinem letzten Studium mit den Erzählungen von zwei Studienkollegen über deren höchst persönliches Erleben und ihrer Erfahrung als Psychoprofis.